AF489626

9 789977 863809 7

الفن والخوف

ديفيد بايلز   تِد أورلاند

الفن والخوف

ملاحظات حول مخاطر (ومكافآت) صُنع الفن

ترجمه عن الإنجليزية

خالد فاروق

الكرمة

alkarmabooks.com

facebook.com/alkarmabooks

twitter.com/alkarmabooks

instagram.com/alkarmabooks

الطبعة الأولى: ٢٠٢٣

العنوان الأصلي:

Art & Fear:

Observations on the Perils (and Rewards) of Artmaking

بايلز، ديفيد وأورلاند، تِد.

الفن والخوف: حول مخاطر (ومكافآت) صنع الفن / ديفيد بيلز وتِد أورلاند؛ ترجمه عن الإنجليزية خالد فاروق ـ القاهرة: الكرمة للنشر، ٢٠٢٣.

١٦٨ ص؛ ٢٠ سم.

تدمك: 9789778638097

١ـ علم نفس ـ الإبداع الفني.

أـ فاروق، خالد (مترجم).

بـ العنوان.

رقم الإيداع بدار الكتب المصرية: ٢٧٩٤٨ / ٢٠٢٢

٢ ٤ ٦ ٨ ١٠ ٩ ٧ ٥ ٣ ١

تصميم الغلاف: أحمد فرج

لوحة الغلاف: «الرجل اليائس» لجوستاف كوربييه (تفصيل معدل)

إلى جون، وشانون، وإزرا.

المحتويات

مقدمة

هذا كتاب عن صُنع الفن. الفن العادي. ويُقصد بـ«الفن العادي» شيء مثل: كل الأعمال التي ليست من إبداع موتسارت. ففي النهاية، نادرًا ما يصنع الفنَّ أناسٌ مثل موتسارت. وبشكل أساسي ـ من الناحية الإحصائية ـ لا وجود لأناس من هذا القبيل. لكن بينما قد يُخلق العباقرة مرة كل قرن أو نحو ذلك، يُصنع الفن الجيد طوال الوقت. صُنع الفن هو نشاط إنساني شائع ومألوف، ممتلئ بكل المخاطر (والمكافآت) التي تصاحب أي جهد نافع. وليست المصاعب التي يواجهها صناع الفن بالمنعزلة أو البطولية، بل هي شائعة ومألوفة.

هذا إذن كتاب لبقيتنا. المؤلفان كلاهما فنان ممارس، يشتبكان يوميًّا مع مشكلات صُنع الفن في العالم الواقعي. والملاحظات التي نسوقها هنا مستقاة من خبرة شخصية، ومرتبطة ارتباطًا وثيقًا باحتياجات الفنانين، أكثر من ارتباطها باهتمامات المشاهدين. يدور هذا الكتاب حول ما تشعر به عندما تجلس في الاستوديو أو الفصل الدراسي الخاص بك، على دولاب الفخار أو لوحة المفاتيح، أمام الحامل

أو الكاميرا، محاولًا إنجاز العمل الذي تحتاج إلى إنجازه. كما يدور حول جعل مستقبلك مرهونًا بيديك، مُعليًا الإرادة الحرة فوق الحتمية، والاختيار فوق المصادفة. إنه يدور حول اكتشاف عملك الفني الخاص.

ديفيد بايلز
تِد أورلاند

الجزء الأول

الكتابة سهلة:
كل ما تفعله هو الجلوس محدقاً إلى ورقة بيضاء،
حتى تتكون قطرات الدم على جبهتك.
— جين فاولر

١

طبيعة المشكلة

الحياة قصيرة، والفن طويل، والفرصة عابرة،
والخبرة غادرة، والحكم صعب.
– أبقراط (٤٦٠–٣٧٥ ق.م تقريبًا)

صُنع الفن صعب. نترك رسومًا غير منتهية وقصصًا
غير مكتوبة. ننجز أعمالًا لا تبدو كأنها تخصنا. نكرر
أنفسنا. نتوقف قبل أن نتمكن من خاماتنا، أو نستمر لفترة
طويلة بعد استنفاد إمكاناتها. غالبًا ما يبدو العمل الذي لم
ننجزه أكثر واقعية، في أذهاننا، من الأعمال التي أتممناها.
وهكذا تطفو الأسئلة على السطح: كيف يُصنع الفن؟ لماذا
لايُكتمَل في كثير من الأحيان؟ وما طبيعة الصعوبات التي
تعترض كثيرين ممن بدأوا؟
هذه الأسئلة التي تبدو غير محدودة بزمن، قد تكون
في الواقع مختصة بزماننا. ربما كان رسم ثور البيسون،
على جدران الكهف قبل زمن طويل، أسهل من كتابة هذه
العبارة، أو أي عبارة أخرى، اليوم. كان لدى أشخاص

آخرين، في أزمان وأماكن أخرى، بعض المؤسسات القوية التي تؤازرهم: تشهد على ذلك الكنيسة والقبيلة والطقس والتقليد. من السهل تصور أن الفنانين كانوا أقل تشككًا في عملهم عندما يؤدونه في خدمة الرب منهم عندما يؤدونه في خدمة أنفسهم.

ليس الأمر كذلك اليوم. فاليوم لا يكاد أحد يشعر بالمؤازرة. لا ينطلق العمل الفني اليوم من أرضية مشتركة آمنة: البيسون على الجدار هو سحر يخص شخصًا آخر. يعني صُنع الفن، الآن، العمل في مواجهة عدم اليقين، يعني العيش مع الشك والتناقض، وفعل شيء لا أحد يهتم كثيرًا إذا ما كنت تفعله، وقد لا يجذب جمهورًا ولا يلقى مكافأة. يعني صُنع العمل الذي تريده أن تنحِّي تلك الشكوك جانبًا عسى أن ترى ما أنجزته بوضوح، وتتعرف بذلك على وجهتك التالية. يعني صُنع العمل الذي تريده أن تجد روافد الإمداد داخل العمل نفسه. هذا ليس عصر الإيمان والحقيقة واليقين.

لكن حتى الظن بأن لديك تأثيرًا على هذه العملية يتعارض مع النظرة السائدة في صُنع الفن اليوم، بأن الفن يرتكز ارتكازًا أساسيًّا على الموهبة، وبأن الموهبة هي منحة تُغرس عشوائيًا في بعض الناس دون البعض الآخر. بدارج القول، إنك إما تملكها وإما لا تملكها. الفن العظيم

نتاج العبقرية، والفن الجيد نتاج شبه العبقرية ـ التي شبهها نابوكوف بالبيرة الخالية من الكحول ـ وهكذا دواليك وصولًا إلى الروايات العاطفية، وكتب التلوين بالأرقام. هذه النظرة جبرية بطبيعتها ـ جبرية، حتى لو كانت حقيقية ـ ولا تقدم أي تشجيع لأولئك الذين قد يصنعون فنًّا. أما عن رأينا الشخصي فسنؤيد وجهة نظر كونراد بخصوص الجبرية: بأنها نوع من الخوف، الخوف من أن مصيرك بين يديك، لكن يديك ضعيفتان.

في حين تلعب الموهبة، إلى جانب القدَر والحظ والمأساة، دورًا في المصير الإنساني، فهي تُصنف جميعها بالكاد كأدوات يُعتمد عليها للتقدم في فنك على أساس يومي. هنا في عالم الحياة اليومية، وهو في آخر الأمر، العالم الوحيد الذي نحيا فيه، تتوقف مهمة مواصلة عملك على وضع بعض الافتراضات الأساسية عن الطبيعة البشرية، افتراضات تضع القوة، ومن ثَمَّ المسؤولية عن أفعالك، بين يديك.

بعض الافتراضات

ينطوي صُنع الفن على مهارات يُمكن تعلمها. الحكمة المتعارف عليها هنا أنه بينما يُمكن تعلم «الحرفة» يبقى «الفن» هبة سحرية تمنحها الآلهة وحدها. ليس الأمر

على هذا النحو. أن تصبح فنانًا فذلك يتوقف، إلى حد بعيد، على تعلمك أن تقبل نفسك، الأمر الذي يجعل فنك شخصيًا، وعلى اتباع إحساسك الخاص، الذي يجعل عملك مميزًا. من الواضح أن هذه القيم يمكن أن تعززها قيم أخرى. حتى إنه نادرًا ما يمكن تمييز الموهبة، على المدى الطويل، من المثابرة والكثير من العمل الشاق. صحيح أن المؤلفَين يصادفان، كل بضع سنوات، بعض طلاب التصوير الفوتوغرافي المبتدئين الذين تبدو طبعات الفصل الدراسي الأول الخاصة بهم وقد صيغت بجودة مماثلة لجودة أي طبعة ربما يكون أنسل آدمز قد أنجزها. وصحيح أن هبة طبيعية من هذا القبيل (وخاصة حين تأتي في المرحلة الحساسة للتعلم المبكر) تعود على صانعها بتشجيع لا يقدر بثمن. لكن ليس لذلك كله أدنى علاقة بالمحتوى الفني. إنما هو يؤكد ببساطة حقيقة أن معظمنا، بما فينا آدمز نفسه، تعين علينا أن نعمل لسنوات قبل أن نبلغ بفننا حد الإتقان.

الفن يصنعه أشخاص عاديون. يصعب تخيُّل أن المخلوقات التي لا تتحلى إلا بالفضائل تصنع فنًّا. من الصعب تصور مريم العذراء ترسم منظرًا طبيعيًّا. أو باتمان يصنع الأواني على دولاب الفخار. ليس بالمخلوقات المنزهة حاجة إلى صُنع الفن. وهكذا، للمفارقة، قلما

يكون الفنان النموذجي شخصًا نظريًا بأي شكل. إذا كان الفن يصنعه أناس عاديون، فعليك أن تسلم بأن الفنان النموذجي سيكون شخصًا عاديًا كذلك، عنده جميع السمات المتضاربة التي يمتلكها البشر الحقيقيون. هذا تلميح عظيم بخصوص الفن، لأنه يشير إلى أن عيوبنا ونقاط ضعفنا، على الرغم من أنها تشكِّل، على الأغلب، عوائق في طريق إنجاز أعمالنا، فإنها كذلك مصدر قوة. هناك شيء بخصوص صُنع الفن يتعلق بتجاوز العقبات، متيحًا لنا فرصة بينة لإنجاز الأشياء بالطرق التي طالما عرفنا أنه ينبغي لنا اتباعها.

يختلف صُنع الفن اختلافًا جوهريًا عن تلقيه. يَقنَعُ الإنسان العاقل بأن أفضل ما يمكنه فعله في أي وقت هو أفضل ما يمكنه فعله في أي وقت. من شأن هذا المعتقد، إذا اعتُنق على نطاق واسع، أن يجعل هذا الكتاب غير ضروري، أو يجانبه الصواب، أو كلا الأمرين. وهذا الرشد أمر نادر للأسف. يوفر صُنع الفن انطباعًا دقيقًا على نحو غير مريح، عن الفجوة التي توجد، حتمًا، بين ما قصدت فعله، وما فعلته. في الحقيقة، إذا لم يخبرك صُنع الفن (أنت، صانعه) بالشيء الكثير عن نفسك، عندها سيكون من المستحيل أن تصنع الفن الذي يعني لك شيئًا. ما يهم بالنسبة إلى جميع المشاهدين،

عداك، هو المنتج: العمل الفني المنتهي. أما بالنسبة إليك، وإليك وحدك، فما يهم هو العملية: تجربة صياغة هذا العمل الفني. انشغالات المشاهدين ليست هي انشغالاتك (على الرغم من سهولة تبنيك لتوجههم على نحو خطير). مهما كانت وظيفتهم: أن يتأثروا بالفن، أو يستمتعوا به، أو يتربحوا من ورائه، فوظيفتك هي أن تتعلم كيفية العمل على فنك.

بالنسبة إلى الفنان، تسلِّط هذه الحقيقة الضوء على استنتاج مألوف ومتوقع: يمكن لصُنع الفن أن يكون من النوع المنعزل عديم التقدير إلى حد ما. يُفترض أن الفنانين كلهم يمضون بعضًا من وقتهم، ويكاد بعض الفنانين يمضي وقته كله، في إنتاج أعمال لا يكترث بها أي شخص آخر كثيرًا. يبدو أنه أمر طبيعي. لكن لسبب ما، ربما يكون الدفاع عن النفس، يجد الفنانون إغواء في إضفاء طابع رومانتيكي على نقص الاستجابة هذا، يفعلون هذا غالبًا بتصوير أنفسهم، على نحو بطولي، وهم يحدقون بعمق إلى الطبيعة المستترة للأشياء قبل وقت طويل من انجذاب أي شخص آخر إلى اتباعهم.

طابع رومانتيكي، لكنه ليس صحيحًا. الحقيقة البينة أن عدم اهتمام الآخرين نادرًا ما يعكس فجوة في الرؤية. في الواقع، لا يوجد بشكل عام، سبب وجيه يُفسِّر وجوب

اهتمام الآخرين بمعظم أعمال أي فنان من الفنانين. وظيفة الغالبية العظمى من أعمالك هي فقط أن تعلمك كيف تنجز النزر اليسير من أعمالك الفنية، ذاك الذي يبرز. أحد الدروس الأساسية والصعبة التي يتعلمها كل فنان، أنه حتى الأعمال الفاشلة ضرورية. تكشف صور الأشعة السينية للوحات الشهيرة أنه حتى الفنانون الكبار أجروا أحيانًا تصحيحات في منتصف العمل باللوحة، أو حذف أخطاء ساذجة، بإضافة طبقة من اللون فوق القماش وهو لا يزال مبتلًا. المغزى أنك تتعلم كيفية إنجاز عملك الفني عن طريق العمل على لوحاتك، والعديد من القطع التي تصنعها على طول الطريق لن تبرز أبدًا كفن متِنه. أفضل ما يمكنك فعله هو أن تصنع فنًّا يستحوذ على اهتمامك... وأن تصنع الكثير منه.

الباقي مسألة مثابرة إلى حد كبير. بمجرد أن تصبح مشهورًا، ستعود أفواج مقتني الأعمال الفنية والأكاديميين، بالطبع، ليدَّعوا أفضل اكتشاف دلائل العبقرية في كل قطعة مبكرة. لكن حتى يأتي ذلك اليوم الموعود، وحدهم الأشخاص الذين يهتمون بك، على نحو شخصي، هم مَن سيهتمون حقًّا بأعمالك. يعلم أولئك المقربون أن إنجاز أعمالك أمر ضروري لرفاهك. سيهتمون بأعمالك على الدوام، إن لم يكن لأنها أعمال عظيمة، فلأنها أعمالك

أنت. وهذا شيء يستدعي صادق امتنانك. مع ذلك، مهما كان حبهم لك، تبقى الحقيقة بالنسبة إليهم وإلى بقية العالم: أن تعلمك كيفية إنجاز عملك ليس مشكلتهم.

وُجِدَ صُنع الفن قبل مؤسسة الفن بزمن طويل. عبر معظم فترات التاريخ، لم يفكر صُناع الفن في أنفسهم، قَطُّ، على أنهم يصنعون فنًّا. في الواقع، من المفترض إلى حد بعيد، أن الفن كان يُصنع قبل وقت طويل من بزوغ الوعي، ومن استخدام الضمير «أنا» على الإطلاق. ربما لم يُفكر رسامو الكهوف في أنفسهم من الأساس، بصرف النظر عن عدم التفكير في أنفسهم كفنانين. ما يشير إليه هذا، ضمن أشياء أخرى، أن النظرة الحالية التي تعادل بين الفن و«التعبير عن الذات» تكشف عن نزعة معاصرة في تفكيرنا أكثر منها سمة أساسية للوسيط. حتى فصل الفن عن الحرفة هو مفهوم ينتمي، إلى حد كبير، إلى ما بعد عصر النهضة، وما هو أحدث من ذلك؛ الفكرة القائلة إن الفن يتجاوز ما تفعله، ويمثل ما أنت عليه. في القرون القليلة الماضية، انتقل الفن من اللوحات الدينية التقليدية غير الموقعة إلى عروض فردية تمثل رؤى شخصية للعالم. أصبحت كلمة «فنان»، تدريجيًّا، شكلًا من أشكال الهوية يحمل معه غالبًا ـ كما يعلم كل فنان ـ قدرًا مماثلًا من العيوب والامتيازات. ضع في اعتبارك أنه إذا كان الفنان

يعادل الذات حينها يتحتم أن تكون شخصًا سيئًا عندما تصنع فنًّا سيئًا، وما هو أسوأ أنك لا تكون شخصًا على الإطلاق عندما لا تصنع فنًّا! يبدو من الأصح كثيرًا تجنب تلك المسارات الملتوية الشريرة من خلال قبول مسارات متعددة لصنع فن ناجح، من التنسُّكي إلى المبهرج، ومن الحدسي إلى الفكري، ومن الفنون الشعبية إلى الفنون الجميلة. أحد هذه المسارات هو مسارك.

٢
الفن والخوف

هؤلاء الذين قد يصنعون فنًّا ربما يبدأون بالتفكر في مصير أولئك الذين سبقوهم. معظم الذين بدأوا، اعتزلوا. إنها مأساة حقيقية. والأسوأ من ذلك أنها مأساة غير ضرورية. في النهاية، يتقاسم الفنانون الذين واصلوا العمل والفنانون الذين اعتزلوا نطاقًا واسعًا من الأرضية العاطفية المشتركة. (في الواقع، لا يمكن تمييزهم عند النظر إليهم من الخارج). نحن جميعًا خاضعون لتعاقب مألوف وشائع من المشكلات الإنسانية، مشكلات ننجو منها بصورة اعتيادية، لكنها لشدة الغرابة، قاتلة على نحو اعتيادي لعملية صُنع الفن. ولكي تنجو كفنان يلزمك أن تواجه هذه المشكلات. إجمالًا، أولئك الذين يواصلون

صُنع الفن هم الذين قد تعلموا كيفية المواصلة، أو على نحو أكثر تحديدًا، تعلموا كيف ألَّا يعتزلوا.

لكن مما يثير العجب، أنه بينما يتوفر دائمًا للفنانين عدد لا يحصى من الأسباب للاعتزال، فإنهم ينتظرون باستمرار لحظات قليلة محددة ليعتزلوا. يعتزل الفنانون عندما يقنعون أنفسهم بأن جهودهم التالية محكوم عليها بالفشل مسبقًا. ويعتزل الفنانون عندما يفقدون وجهة أعمالهم والمكان الذي تنتمي إليه.

يواجه معظم الفنانين تقريبًا مثل هذه اللحظات. التخوف من أن عملك التالي سوف يفشل هو أمر عادي ومتكرر، وبشكل عام، هو جزء صحي من دورة صُنع الفن. يحدث هذا طوال الوقت: تركز على فكرة جديدة ما في عملك، وتجربها، وتمضي معها لفترة من الوقت، وتصل إلى نقطة يتناقص عندها المردود، وفي النهاية تقرر أن الأمر لا يستحق مزيدًا من المتابعة. حتى إن الكُتَّاب لديهم عبارة لوصف الأمر: «لقد جف القلم»، لكن كل الوسائط لديها ما يعادلها. في الدورة الفنية العادية يخبرك هذا فقط بأنك قد أغلقت الدائرة، وعدت إلى النقطة التي تحتاج عندها إلى تنمية الفكرة الجديدة التالية. لكن في حالة الموت الفني، فهذا يمثل آخر شيء يحدث: تستنفد الفكرة لنهايتها، فتتوقف الفكرة عن العمل، وتضع أنت

الفرشاة جانبًا... وبعد ثلاثين عامًا تفضي إلى شخص ما، وأنتما ترتشفان القهوة، بأنك، حسنًا، نعم، كنت تريد أن ترسم عندما كنت أصغر بكثير. يختلف الاعتزال، على نحو أساسي، عن التوقف. يحدث الأخير طوال الوقت. والاعتزال يحدث مرة واحدة. يعني الاعتزال عدم البدء من جديد، والفن يتمحور حول البدء من جديد.

تظهر للفنانين لحظة حقيقة شائعة أخرى عندما تغيب الوجهة فجأة. بالنسبة إلى الفنانين المتمرسين، عادة ما تتزامن تلك اللحظة ـ على عكس المتوقع ـ مع الوصول إلى تلك الوجهة. يذكر المؤلفان صديقًا مشتركًا كان سعيه الوحيد، لمدة عشرين عامًا، أن يقيم معرضًا فرديًا لأعماله في متحف الفن الرئيسي في مدينته. لقد حقق ذلك أخيرًا. ولم يُقدِم، مرة أخرى، على إنتاج أي قطعة فنية ذات بال. توجد مفارقة مريرة في مثل تلك القصص، في اكتشاف مدى التكرار والسهولة التي يتحول بهما النجاح إلى إحباط. يتوقف تفاديك لهذا المصير على عدم السماح لهدفك الحالي بأن يصبح هدفك الوحيد. في الأعمال الفنية المفردة، يعني هذا أن تترك خيطًا ما لم يُعقد بإحكام، مشكلة ما لم تُحل، كي تمضي قدمًا في القطعة التالية وتستكشفها. في الأهداف الكبرى (مثل الأبحاث والمعارض الكبرى)، يعني هذا أن تحمل دائمًا في داخلك

بذرة وجهتك التالية. ولقليل من الأشكال الفنية ذات المخاطر البدنية (مثل الرقص)، قد يعني الاحتفاظ بوسيط بديل، في المتناول، في حال أبعدك العمر أو الإصابة عن فنك الذي اخترته.

بالنسبة إلى طلاب الفن يتخذ فقدان وجهة العمل اسمًا آخر: التخرج. اسأل أي طالب: كم من الأشخاص، قبلهم، كان عرض التخرج هو العرض الختامي بالنسبة إليهم؟ عندما يكون «النقد» هو الوجهة الوحيدة، المصدق عليها، للعمل خلال نصف العقد الأول من الحياة الإنتاجية لفنان، فليس من المفاجئ أن تتصاعد معدلات الاستنزاف عندما يتوقف ذلك المسار. إذا لم يعد ثمانية وتسعون في المائة من طلاب الطب لدينا يمارسون الطب، بعد مرور خمسة أعوام على تخرجهم، لأجرى مجلس الشيوخ تحقيقًا في الأمر، ومع ذلك، فإن تلك النسبة من تخصصات الفن تُحال بانتظام إلى الموت المهني المبكر. لا يستمر كثير من الناس في صُنع الفن عندما: لا تعود أعمالهم تُشَاهَد، أو تُعرض، أو تحظى بالتعليق عليها، أو تلقى التشجيع، على نحو مباغت. هل تستطيع أنت الاستمرار؟

ما يثير الدهشة، أن معدل التسرب في أثناء الدراسة ليس مرتفعًا إلى هذه الدرجة. ما يدمر حقًا هو افتقاد أي نظام دعم متواصل لاحقًا. إذا أبدى العالم الخارجي قليلًا من

الاهتمام بتقديم هذا الدعم، ربما ساعتها، يبقى الأمر متروكًا للفنانين أنفسهم. بالنظر على هذا النحو، تطرح هذه الاستراتيجية نفسها:

«دليل المستخدِم» لعدم الاعتزال

أ. اعقد صداقات مع الآخرين الذين يصنعون فنًّا، وداوموا، فيما بينكم، على مشاركة أعمالكم التي في طور التنفيذ.

ب. تعلم أن تفكر في (أ) كوجهة لعملك، بدلًا من متحف الفن الحديث. (انظر إلى الأمر على هذا النحو: إذا سار كل شيء على ما يرام، فمتحف «موما» سيأتي إليك في آخر الأمر).

تبدأ الرغبة في صُنع الفن مبكرًا. يُقابَل هذا في الصغر بالتشجيع ـ أو بالتساهل، على الأقل، بوصفه غير مؤذٍ ـ لكن مع الدفع قُدمًا نحو دراسة «جادة»، سرعان ما تُمنى الأحلام والتطلعات بخسائر فادحة. (نعم، لقد عرف المؤلفان، في الحقيقة، طلابًا سألهم ذووهم أن يتوقفوا عن إهدار وقتهم على الفن، وإلا سيتعين عليهم بالطبع تسديد رسوم الدراسة بأنفسهم). مع ذلك تلح الرغبة على البعض، وينبغي الاستجابة لها عاجلًا أو آجلًا. يحدث هذا

لسبب وجيه: تُعد رغبتك في صُنع الفن ـ سواء كان فنًّا جميلًا، أو هادفًا، أو مؤثرًا ـ جزءًا لا يتجزأ من إحساسك بهويتك. بمجرد أن يرتبط الفن بالحياة، سرعان ما يصبحان متلازمين. كان فرانك لويد رايت، وهو في التسعين من عمره، لا يزال يضع التصميمات، وفي العمر ذاته، كانت إيموجن كاننجهام لا تزال تلتقط الصور، وسترافينسكي يؤلف الموسيقى، وبيكاسو يرسم.

لكن إذا كان الفن يمنح مضمونًا لإحساسك بنفسك، فهناك في المقابل الخوف من أنك لست على مستوى المهمة، ولا تستطيع أداءها، أو لا تستطيع أداءها على خير وجه، أو لا تستطيع أداءها مرة أخرى، أو أنك لست فنانًا حقيقيًّا، أو لست فنانًا ماهرًا، أو ليست لديك موهبة، أو ليس لديك ما تقوله. يكون الخط الفاصل بين الفنان وعمله دقيقًا في أفضل الأحوال، وبالنسبة إلى الفنان يبدو، على نحو طبيعي، ألَّا وجود لمثل هذا الخط. يمكن لصُنع الفن أن يبدو خطيرًا وكاشفًا. صُنع الفن هو أمر خطير وكاشف. صُنع الفن يحفز الشك في النفس، صُنع الفن يحرك المياه العميقة التي تقع بين ما تعرف أنك يجب أن تكون عليه، وما تخشى أنك قد تكونه. بالنسبة إلى كثير من الناس، يكفي هذا وحده لمنعهم من البدء على الإطلاق، وبالنسبة إلى أولئك الذين يبدأون،

لا تتأخر المشكلات في المجيء. في الواقع، سرعان ما تظهر الشكوك محتشدة:

أنا لست بفنان، أنا متصنع

ليس لديَّ ما يستحق القول

لست متأكدًا مما أفعله

الآخرون أفضل مني

أنا مجرد [طالب | فيزيائي | أُم | أيًّا كان]

لم يسبق، قَطُّ، أن أقمت معرضًا حقيقيًّا

لا أحد يفهم أعمالي

لا أحد يحب أعمالي

لا فائدة تُرجى مني

مع ذلك، عند النظر إلى هذه المخاوف بموضوعية، يتضح أنها تتعلق بالفنان بقدر أكبر من تعلقها بالفن. وأكبر حتى من تعلقها بالأعمال الفنية المفردة. عندما تصنع فنًّا فأنت، في آخر الأمر، تستحضر أعلى مهاراتك لتُطوع الخامات والأفكار التي تشغلك بشدة. الفن هو دعوة عُليا، والمخاوف شيء عرضي. بالإضافة إلى أنها شيء عرضي، يمكننا القول إنها مخادعة ومُعطِّلة، تتخفى في أشكال مختلفة، مثل الكسل، ومقاومة المواعيد النهائية، والانزعاج من الخامات أو البيئة المحيطة، وتشوش الذهن بإنجازات الآخرين، مثل أي شيء يمنعك، في الواقع،

من بذل أفضل ما لديك في عملك. ما يميز الفنانين عن الفنانين السابقين هو أن أولئك الذين يتحدُّون مخاوفهم، يستمرون، وهؤلاء الذين لا يفعلون، يعتزلون. إن كل خطوة في عملية صُنع الفن تضع هذا الأمر موضع اختبار.

الرؤية والتنفيذ

تبرز المخاوف عندما تتطلع إلى الوراء، وتبرز كذلك عندما تتطلع إلى الأمام. إذا كنت عرضة للتخيلات الكارثية فقد تجد نفسك عالقًا في المنتصف، تحدق إلى لوحتك نصف المنتهية وتخشى أنك تفتقر إلى القدرة على إنهائها، وأنك إذا أنهيتها فلن يفهمها أحد.

في كثير من الأحيان، على الرغم من ذلك، تظهر الشكوك في تلك اللحظات المواتية تمامًا ـ والتي تتواتر كثيرًا ـ عندما تتفوق الرؤية على التنفيذ. تدبَّر في قصة الطالب الشاب ـ حسنًا، هو ديفيد بايلز، على وجه الدقة ـ الذي بدأ دراسة العزف على البيانو مع أستاذ. بعد بضعة أشهر من التدريب، ناح ديفيد في وجه مُعلمه: «لكنني أسمع الموسيقى في رأسي أفضل كثيرًا مما تستطيع أصابعي أن تعزفها». أجابه الأستاذ: «ما الذي يجعلك تظن أن هذا سوف يتغير يومًا ما؟».

لهذا السبب يُطلق عليهم «أساتذة». عندما انتقل

باكتشاف ديفيد من مستوى التعبير عن الشك في النفس إلى مجرد ملاحظة للواقع، أصبح لعدم اليقين قيمة. درس اليوم: تتفوق الرؤية دائمًا على التنفيذ، وهذا ما يجب أن يكون. الرؤية وعدم اليقين والإلمام بالخامات هي أمور حتمية ينبغي لكل الفنانين الاعتداد بها والتعلم منها: تتفوق الرؤية دائمًا على التنفيذ، والإلمام بالخامات هو وسيلة اتصالك بالواقع، وعدم اليقين فضيلة.

الخيال

عندما تبدأ في صُنع شيء ما تكون السيطرة للخيال. لا تكون إمكانات العمل الفني أكبر، بأي حال، منها في تلك اللحظة السحرية عندما تُوضع لمسة الفرشاة الأولى، ضربة الوتر الأولى. لكن السيطرة تنتقل إلى التقنية والحرفة مع تنامي العمل الفني، ويصبح الخيال أداة ذات فائدة أقل. ينمو العمل الفني بأن يصبح محددًا. عند اللحظة التي خَطَّ فيها هرمان ملفيل السطر الافتتاحي «نادني إسماعيل»، بدأت قصة فعلية، «موبي ديك»، تنفصل عن عديد من القصص الأخرى المتخيلة. وهكذا خلال الخمسمائة صفحة ـ أو أكثر ـ التالية، كان على كل جملة لاحقة أن تعتد بكل ما سبقها وتترتب عليه بطريقة ما. وضعت جوان ديديون يدها على هذه المشكلة

مباشرة، وبالتشاؤم الذي يميزها، عندما قالت: «موضع الصعوبة في تلك الجملة الأولى هو أنك تعلق بها. سينبع كل شيء آخر من تلك الجملة. وبحلول الوقت الذي تضع فيه أول جملتين، تكون خياراتك قد نفدت».

يحدث الشيء نفسه مع كل الوسائط: تفي ضربات الفرشاة القليلة الأولى، على اللوحة البيضاء، بمتطلبات عديد من اللوحات الممكنة، بينما لا تناسب ضربات الفرشاة القليلة الأخيرة إلا تلك اللوحة، ولا يمكنها أن تناسب شيئًا آخر. إن تطوير لوحة متخيلة إلى لوحة فعلية هو تقدم مبني على تقليص الاحتمالات، إذ تُقلص كل خطوة، من خطوات التنفيذ، الاحتمالات المستقبلية، عن طريق تحويل إمكانية واحدة، لا غير، إلى حقيقة واقعة. أخيرًا، عند نقطة ما أو أخرى، لا يمكن للوحة أن تكون إلا ما هي عليه، وتكون بهذا قد انتهت.

يتحتم على لحظة الاكتمال هذه أن تكون لحظة خسارة أيضًا، خسارة لكل الأشكال الأخرى التي قد تكون اللوحة المتخيلة اتخذتها. تكمن المفارقة هنا في أن اللوحة التي تصنعها دائمًا ما تكون على بُعد خطوة واحدة مما تخيلته، أو أي شيء آخر يمكنك تخيله، أو ما أنت موشك على تخيله. اعتاد المصمم تشارلز إيمز، الذي يمكن القول إنه رجل عصر النهضة المثالي في القرن العشرين، أن يشكو

بلطف من أنه لم يكرس سوى واحد في المائة من طاقته لابتكار التصميم، والتسعة والتسعين في المائة المتبقية تخص الحفاظ عليه في حين كان المشروع يتطور. مفاجأة صغيرة. في النهاية، يمتلك خيالك الحرية في استباق مئات من الأعمال، متصورًا الأعمال التي قد تنفذها، أو ربما ينبغي لك، ذات يوم، أن تنفذها، لكن ليس اليوم، ليس في العمل الذي بين يديك. كل ما تستطيع العمل عليه اليوم هو ما يمثل أمامك مباشرة. مهمتك هي تنمية خيال مما هو متاح.

إن القطعة المنتهية هي، في الواقع، اختبار لمدى التوافق بين الخيال والتنفيذ. وربما كان من المدهش أن العقبة الأكثر شيوعًا أمام الوصول إلى ذلك التوافق ليست التنفيذ غير المنضبط، إنما هي الخيال غير المنضبط. من المغري تمامًا أن تتناول عملك المقترح معتقدًا أن خاماتك أكثر مرونة مما هي عليه بالفعل، وأن أفكارك أكثر إقناعًا، وتنفيذك أكثر دقة. كما علق ستانلي كونيتز ذات مرة: «دائمًا ما تبلغ القصيدة حد الكمال في الرأس. تبدأ المقاومة عندما تعمل على تحويلها إلى لغة». وهذا صحيح، حلم اليقظة الذي يراود معظم الفنانين ليس أنهم يصنعون فنًّا عظيمًا، بل إنهم قد صنعوا فنًّا عظيمًا. مَن مِن الفنانين لم يختبر النشوة المحمومة لإنجاز دراسة مصغرة، أو مخطوطة

أولى، أو صورة سلبية، أو لحن، بإتقان تام، ليصطدم بحائط حجري عندما يعمل على تحويل تلك اللمحة المشوقة إلى جدارية، أو رواية، أو صورة فوتوغرافية، أو سوناتا منتهية. ليست حياة الفنان محبطة لأن الانتقال بطيء، وإنما لأنه يتخيل أنه سيكون سريعًا.

الخامات

تغوينا الخامات الفنية بإمكاناتها، مثلها في ذلك مثل التخطيط المصغر. ملمس الورق، ورائحة الألوان، وثقل الحجر، جميعها تضفي إيحاءات وإشارات، تثير تخيلاتنا. تنمو الآمال وتتضاعف الإمكانيات، في وجود الخامات الجيدة. ولسبب وجيه: تكون بعض الخامات مشحونة وسريعة الاستجابة على نحو فوري بدرجة جعلت الفنانين يلجأون إليها على مدى آلاف السنين، وربما يستمرون في ذلك لآلاف أخرى. بالنسبة إلى عديد من الفنانين، اتخذت الاستجابة لخامة معينة طابعًا شخصيًّا للغاية، كما لو كانت الخامة تخاطبهم مباشرة. قيل إن بابلو كاسالا، عندما كان طفلًا، علم منذ اللحظة الأولى التي سمع فيها صوت تشيلو، أن هذه هي آلته.

لكن من حيث تكون للخامات إمكانات، تكون لها حدود أيضًا. يحتاج الحبر إلى أن يتدفق، لكن ليس عبر

أي سطح وحسب، ويحتاج الصلصال إلى أن يتشكل، لكن ليس على أي هيئة وحسب. وعلى كل حال، من دون مشاركتك الفعالة، تبقى إمكاناتها على حالها، مجرد إمكانات. تشبه الخامات الجزيئات الأولية: مشحونة لكنها خاملة. لا تسترق السمع إلى تخيلاتك، لا تنهض وتتحرك استجابة لرغباتك الكسول. الحقيقة المجردة، أنها تفعل بالضبط ما تمليه عليها يداك. يستقر اللون حيثما وضعته بالضبط، والكلمات الوحيدة التي تظهر على الورق هي الكلمات التي كتبتها، وليست الكلمات التي رغبت في كتابتها أو فكرت في كتابتها. على حد قول بن شان: «ينبغي للفنان الذي يقف أمام اللوحة البيضاء أن يفكر انطلاقًا من اللون».

ما يُعوَّل عليه، في صُنع الفن، هو التوافق الفعلي بين ما يحتويه رأسك ومواصفات خاماتك. تأتي المعرفة، التي تحتاج إليها لصُنع هذا التوافق، من ملاحظة ما يحدث بالفعل في أثناء عملك، الطريقة التي تستجيب بها الخامات، والطريقة التي تقدم لك بها تلك الاستجابة (والممانعة)، أفكارًا جديدة. تلك التغييرات الحقيقية والعادية هي التي تهم. يتمحور الفن حول إنجاز الأشياء، والخامات هي الشيء الذي يمكن إنجازه، لأنها حقيقية، ويمكن الاعتماد عليها.

عدم اليقين

خاماتك هي، في الواقع، واحدة من عناصر صُنع الفن القليلة التي يمكنك أن تأمل السيطرة عليها إلى حد معقول. إذ لا تتأتى الظروف المثالية أبدًا بالنسبة إلى أي شيء آخر؛ يندر أن تكون المعرفة الكافية في متناول اليد، ودائمًا ما يغيب الدليل القاطع، ويشتهر الدعم بتقلبه. سيكتسب كل ما تفعله، حتمًا، مذاق عدم اليقين... عدم اليقين بشأن ما ينبغي لك أن تقوله، وإذا ما كانت الخامات مناسبة، وهل ينبغي أن يكون العمل طويلًا أم قصيرًا، وحقًّا بشأن إذا ما كنت ستشعر بالرضا، يومًا، عن أي شيء تفعله. ألقى المصور جري أولسمان محاضرة شرائح عرض فيها كل صورة التقطها على مدى عام واحد: ما يزيد على المائة صورة اعتبرها جميعًا غير صالحة وأتلفها، من دون أن تُعرض قَطُّ، فيما عدا عشر صور تقريبًا. أعاد تولستوي كتابة «الحرب والسلام» ثماني مرات، في عصر ما قبل الآلة الكاتبة، وظل يصحح بروفات الكتاب حتى انتقل أخيرًا إلى المطبعة. اعترف وليام كينيدي بشجاعة بأنه أعاد كتابة روايته «سيقان» ثماني مرات، وأنها «جاءت سيئة في سبع مرات. كانت سيئة على نحو استثنائي في المرات الست الأولى، وفي المرة السابعة كانت جيدة إلى حد

كبير، لكنها كانت لا تزال بعيدة للغاية. كان ابني وقتها في السادسة من عمره، وكذلك روايتي، وكان لكليهما الارتفاع نفسه تقريبًا».

إنه، باختصار، الوضع الطبيعي للأمور. الحقيقة أن العمل الفني الذي يبدو جيدًا للغاية في حالته النهائية، ربما كان في وقت مبكر على بُعد سنتيمترات أو ثوانٍ فقط من الانهيار التام. تشكك لينكولن في قدرته على التعبير عما يريد قوله في خطبة جتيسبورج، لكنه مضى قدمًا على أي حال، مدركًا أنه كان يبذل قصارى جهده ليقدم الأفكار التي يحتاج إلى مشاركتها مع الحضور. يسير الأمر على هذا النحو دائمًا. يشبه الفن أن تبدأ جملة قبل أن تعرف خاتمتها. المخاطر واضحة: ربما لا تستطيع أن تبلغ خاتمة الجملة على الإطلاق، أو ربما ببلوغك إياها، لا تكون قد قلت شيئًا. من المحتمل ألا تكون هذه فكرة جيدة لمخاطبة الجمهور، لكنها فكرة رائعة لصُنع الفن.

تحتاج في صُنع الفن إلى أن تمنح نفسك مجالًا للتجاوب، على نحو أصيل، مع كل من موضوعك وخاماتك. يحدث الفن بينك وبين شيء ما ـ موضوع، أو فكرة، أو تقنية ـ ويحتاج كل منكما إلى حرية الحركة. عديد من الكُتَّاب الروائيين، على سبيل المثال، يكتشفون في مرحلة مبكرة، أن وضع مخطط تفصيلي للحبكة هو

ممارسة غير مجدية، فمع تقدم الكتابة الفعلية، تتبنى الشخصيات حياة خاصة بها، على نحو متزايد، لدرجة أن الكاتب أحيانًا ما يتفاجأ، مثله مثل القارئ المحتمَل، بما يصدر عن إبداعاتها من قول وفعل. شبَّه لورانس داريل العملية بتثبيت أوتاد البناء في الأرض: تغرز وتدًا وتقطع خمسين ياردة لتغرز آخر، وسرعان ما تعرف أي اتجاه سيسلكه الطريق. ذكر إ. م. فورستر أنه عندما بدأ كتابة رواية «ممر إلى الهند» عرف أن كهوف مالبار ستلعب دورًا مركزيًّا في الرواية، وأن شيئًا مهمًّا سيحدث هناك بكل تأكيد، إلا أنه لم يكن متأكدًا من ماهيته.

ليست السيطرة، على ما يبدو، هي الحل. الأشخاص الذين بحاجة إلى اليقين في حياتهم يضعف احتمال أن يصنعوا فنًّا مجازفًا، أو انقلابيًّا، أو معقدًا، أو باعثًا على الشك، أو موحيًا، أو عفويًّا. ما تحتاج إليه حقًّا ليس سوى إدراك واضح لما تبحث عنه، وبعض الاستراتيجيات لكيفية العثور عليه، واستعداد بالغ لتقبُّل الأخطاء والمفاجآت على طول الطريق. بعبارة بسيطة، صُنع الفن محفوف بالمخاطر، ولا يتفق مع القدرة على التوقع. عدم اليقين هو الرفيق الأساسي، والحتمي والمؤثر، لرغبتك في صُنع الفن. تقبُّل عدم اليقين هو شرط أساسي للنجاح.

٣

مخاوف بشأن نفسك

لقد قابلنا العدو، وهو نحن.
ـ بوجو

يمتد أمامنا المدى المتسع لنهر يتدفق مسرعًا. أنت على الشاطئ، تشاهد المُجدف الذي انتهى، مؤخرًا، من تعلمه لمهارة قيادة القارب الأحادي، يناور بعصبية ليتجنب الصخرة الوحيدة التي تخترق السطح في اتجاه المجرى، والنقطة الميتة، والتيار المنساب على كلا الجانبين. ينعطف المجدف يسارًا. ينعطف يمينًا. ثم يصطدم بالصخرة مباشرة. عندما تتصرف بدافع الخوف، تصبح مخاوفك حقيقة.

تنقسم المخاوف الخاصة بصُنع الفن إلى عائلتين: مخاوف بشأن نفسك، ومخاوف بشأن استقبال الآخرين لك. بشكل عام، تمنعك المخاوف بشأن نفسك من إنجاز أفضل أعمالك. بينما تمنعك المخاوف، بشأن استقبال الآخرين لك، من إنجاز عملك. تظهر كلتا العائلتين في

أشكال عديدة، ربما تجد بعضها مألوفًا للغاية. جرب هذه العينات...

التظاهر

الخوف من أنك تتظاهر بصُنع الفن، هو عاقبة متوقَّعة للشك في مؤهلاتك الفنية. على كل حال، أنت تدركُ، أكثر من أي شخص آخر، طابع المصادفة الخاص بكثير مما يظهر في أعمالك، هذا غير كل تلك العناصر التي تعرف أنها ولدت من عناصر أخرى (حتى بعضها الذي لم تتعمده قَطُّ والذي قرأه المتلقي في أعمالك). لا يلزمك سوى وثبة صغيرة من هناك لتشعر وكأنك تتصرف على طبيعتك كفنان. من السهل تصوُّر أن الفنانين الحقيقيين يعرفون ما يفعلونه، وأنهم ـ على خلافك ـ لهم الحق في الشعور بالرضا عن أنفسهم وفنهم. يجعلك الخوف، من ألا تكون فنانًا، تبخس قيمة أعمالك.

تتسع الهوة أكثر عندما لا يسير عملك بصورة جيدة، عندما لا تحدث المصادفات السعيدة أو تأتي الأحاسيس بثمارها. إذا كنت واقعًا تحت تأثير فرضية أن الفن لا يصنعه سوى أشخاص غير عاديين، فإن فترات الركود هذه لا تؤدي إلا إلى تأكيد أنك لست كذلك.

قبل أن تهجر فنك وتتحول إلى عمل يومي، على أي

حال، خُذ في اعتبارك ديناميكيات العمل هنا. يتطلب كلٌّ من صُنع الفن وعرضه استثمارًا متواصلًا للطاقة، كثير من الطاقة. في لحظات الضعف، توفر أسطورة «غير العاديين» ذريعة للفنان كي يكف عن محاولة صُنع الفن، وعذرًا للمشاهد كي يكف عن محاولة فهمه.

في الوقت نفسه، غالبًا ما يصبح لدى الفنانين الذين يستمرون، وعي ذاتي بصنعهم للفن. إذا ما انتابك الشك فقد يمثل هذا مشكلة، حاول فقط أن تعمل على نحو فطري، أو عفوي، بينما تزن بوعي ذاتي، أثر كل فعل تؤديه. إن الانتشار المتزايد للفن الانعكاسي ـ ذلك الفن الذي يتطلع إلى الداخل، متخذًا من نفسه موضوعًا ـ قد يوضح، إلى حد ما، ببساطة، محاولات الفنانين كي يحولوا هذه العقبة لصالحهم. الفن، الذي يتخذ من الفن موضوعًا له، قد وَلَّد بدوره مدرسة كاملة من النقد الفني مبنية على فرضية حقيقية، لكنها محدودة، مفادها أن الفنانين يعيدون تعريف الفن من خلال أعمالهم. يتعامل هذا التوجه مع «ماهية الفن» بوصفها موضوعًا مشروعًا وجادًّا وحتى شائكًا، لكنه ينفق قليلًا من الجهد على سؤال: «ما هو صُنع الفن؟».

من الواضح أن شيئًا ما غير متوازن هنا. مع ذلك، إذا كانت هناك عملية إعادة تعريف مستمرة لـ«ماهية لعبة الشطرنج»، فقد تشعر بالانزعاج إلى حد ما عندما تحاول

أن تلعب. يمكنك دائمًا، بالطبع، أن تستمر في اللعب عن طريق تقييد نفسك ببعض النقلات السهلة التي رأيت أنها تُجدي نفعًا مع الآخرين. لكنك مرة أخرى قد تستنتج أنك لم تكن لاعب شطرنج حقيقياً، لم تكن سوى مُدَّعٍ عندما كنت تحرك القطع هنا وهناك، لأنك لم تكن متأكدًا من ماهية لعبة الشطرنج. قد تعتقد، بينك وبين نفسك، أنك تستحق أن تخسر. في الواقع، قد تتوقف عن اللعب تمامًا. إذا كان السيناريو السابق يبدو بعيد الاحتمال بالنسبة إلى الشطرنج، فإنه يظل شائعًا على نحو محبط فيما يتعلق بالفن.

لكن بينما قد تشعر بأنك تتظاهر فقط بأنك فنان، فلا توجد طريقة للتظاهر بأنك تصنع فنًّا. هيَّا، جرب كتابة قصة في حين تتظاهر بأنك تكتب قصة، ليس هذا بالأمر الممكن. ربما لا يكون عملك من النوع الذي يريد القائمون على المعارض أن يعرضوه، أو الذي يريد الناشرون أن ينشروه، لكن هذه قضايا مختلفة تمامًا. أنت تصنع أعمالًا جيدة بعدة طرق، منها صُنع كثير من الأعمال غير مرتفعة الجودة، والتخلص تدريجيًّا من الأجزاء غير الجيدة، الأجزاء التي لا تخصك. يُسمى هذا بـ«الاستجابة»، وهي أكثر الطرق مباشرة للتعرف على رؤيتك الخاصة. تُسمى أيضًا «أداءك لعملك». في آخر المطاف، يتعين على شخص ما أن يؤدي عملك، وأنت أكثر شخص يمكنه ذلك.

الموهبة

الموهبة، في اللغة الشائعة، هي «ما يأتي بسهولة». لذا فإنك، آجلًا أو عاجلًا، ستصل حتمًا إلى نقطة لا تتأتى الأعمال عندها بسهولة، و... نعم! هذا هو بالضبط ما كنت تخشاه!

أمر خاطئ. وفق التعريف، أيًّا كان ما تملكه هو بالضبط ما تحتاج إليه لتنتج أفضل أعمالك. ليس هناك، على الأرجح، إهدار للطاقة النفسية أكثر وضوحًا من القلق بشأن مقدار الموهبة الذي تمتلكه، وربما لا يوجد قلق أكثر شيوعًا. يصح هذا حتى على الفنانين ذوي الإنجاز الكبير.

إذا كانت الموهبة أي شيء فإنها هبة، وليست شيئًا من صنع الفنان. هذه ليست بالفكرة الجديدة: أكد أفلاطون أن كل الفنون هي هبة من الآلهة، تنتقل عبر الفنانين وهم «فاقدون لعقولهم» ـ بالمعنى الحرفي للكلمة، من وجهة نظر أفلاطون ـ عندما يصنعون فنًّا. لكن أفلاطون ليس الفيلسوف الوحيد في هذا الصدد. بينما يرتبط وصفه، ارتباطًا وثيقًا، بأداء عرافة دلفي، وشواذ العباقرة، ومبشرين تليفزيونيين بعينهم، يبقى من الصعب أن يتوافق مع معظم أحداث العالم الواقعي.

لو كانت الموهبة شرطًا أساسيًّا، فكلما كان العمل الفني

أفضل، كان صنعه أسهل. لكن للأسف، نادرًا ما تكون الأقدار سخية إلى هذه الدرجة. في مقابل كل فنان طوَّر رؤية ناضجة بتناسق وسرعة، هناك عدد لا يُحصى من الفنانين أولوا فنَّهم رعاية جادة خلال فترات خصبة ونوبات جفاف، من خلال بدايات خاطئة وصدمات توقف، من خلال تغييرات متتالية ومهمة في الاتجاه والوسط والموضوع. قد تُخَلِّص الموهبة شخصًا ما من تعطلات البداية، بسرعة أكبر، لكن لن يُعَوَّل عليها كثيرًا من دون إحساس بالاتجاه أو هدف يسعى إلى تحقيقه. يمتلئ العالم بأشخاص ذوي مواهب طبيعية كبيرة، أحيانًا ما تكون مواهب لامعة بوضوح، لكنهم لم ينتجوا شيئًا بالمرة. وعندما يحدث ذلك، سرعان ما يتوقف العالم عن الاهتمام بما إذا كانوا موهوبين.

حتى في أفضل الأحوال، تظل الموهبة ثابتة، وأولئك الذين يعتمدون على تلك المنحة وحدها، من دون مزيد من التطوير، يبلغون الذروة حثيثًا وسرعان ما يتلاشون في الظل. لا تؤكد أمثلة العباقرة إلا هذه الحقيقة. تهوى الصحف طباعة قصص عن معجزة موسيقية، تبلغ من العمر خمس سنوات، تقدم حفلة عزف منفرد، لكنك نادرًا ما تقرأ عن أحدهم وقد واصل ليصبح موتسارت. تتمثل النقطة المهمة هنا في أنه مهما كانت موهبة موتسارت المبدئية، فهو أيضًا فنان تعلَّم أن يعمل على فنه، وبالتالي

تطور. يتقاسم، في هذا الصدد، أرضية مشتركة مع بقيتنا. يصبح الفنانون أفضل بصقل مهاراتهم أو اكتساب مهارات جديدة، يصبحون أفضل بتعلمهم أن يعملوا، وبالتعلم من عملهم. إنهم يلزمون أنفسهم بالعمل المحبب إلى قلوبهم، ويعملون وفقًا لهذا الالتزام. لذلك عندما تسأل: «لماذا لا يكون الأمر سهلًا بالنسبة إليَّ؟»، فمن المحتمل أن تكون الإجابة: «لأن صُنع الفن صعب!». ما ينتهي بك الأمر إلى الاهتمام به هو ما تفعله، وليس مدى صعوبة العمل أو سهولته.

عرض موجز
يحاول فيه المؤلفان
الإجابة عن الاعتراض (أو تفنيده)

س: ألست تتجاهل حقيقة أن البشر يختلفون جذريًّا من حيث قدراتهم؟

ج: نعم.

س: لكن إذا كان البشر يختلفون، وكان على كلِّ منهم أن يصنع أفضل ما لديه من عمل، ألن يصنع الأكثر موهبة عملًا أفضل، والأقل موهبة عملًا أقل جودة؟

ج: بلى، أوَلن يكون ذلك كوكبًا لطيفًا لنحيا فيه؟

الموهبة هي وهْم وخداع. في النهاية، تتلخص الأسئلة العملية حول الموهبة إلى هذه: مَن يهتم؟ ومَن يعرف؟ وأي فارق قد تشكله؟ والإجابات العملية هي: لا أحد، ولا أحد، ولا شيء.

الإتقان

أعلن مدرس الخزف في اليوم الدراسي الأول أنه سيقسم الفصل إلى مجموعتين. قال إن كل مَن هم على الجانب الأيسر من المرسم سيخضعون للتقييم على أساس كم العمل الذي أنتجوه وحده، وكل مَن هم على اليمين على أساس جودته وحدها. كان إجراؤه بسيطًا: يحضر موازين الحمام الخاصة به، في اليوم الأخير من الدراسة، ويزن الأعمال الخاصة بمجموعة «الكم»: خمسون رطلًا من الأواني تُمنح التقييم «أ»، أربعون رطلًا تُمنح «ب»، وهكذا. بينما أولئك الذين خضعوا للتقييم على أساس «الجودة»، يلزمهم أن ينتجوا قطعة واحدة ـ على أن تكون قطعة مثالية ـ ليحصلوا على «أ». حسنًا، حان وقت التقييم، وظهرت حقيقة غريبة: أُنتجت جميع الأعمال ذات الجودة الأعلى بواسطة المجموعة التي جرى تقييمها على أساس الكم. يبدو أنه بينما كانت مجموعة «الكم» منشغلة بإنتاج أكوام من الأعمال، والتعلم من أخطائها، جلست مجموعة

«الجودة» تُنَظَّر حول الإتقان، ولم يكن لديها، في النهاية، شيء تعرضه مقابل جهودها، أكثر من نظريات فخيمة وكومة من الصلصال المستهلك.

إذا كنت تعتقد أن العمل الجيد مرادف للعمل المتقن، بشكل أو بآخر، فأنت في سبيلك إلى مواجهة مشكلة كبيرة. الفن إنساني، والخطأ إنساني، وبناءً على ذلك، فالفن هو الخطأ. ستكون أعمالك منقوصة، حتمًا ـ كما في القياس المنطقي السابق ـ لماذا؟ لأنك بشر، ووحدهم البشر، بكل نقائصهم، يصنعون فنًّا. من غير الواضح ما قد تكون عليه من دون نقائص، لكن من الواضح أنك لن تكون واحدًا منَّا.

ومع ذلك، لا يزال الاعتقاد القائم بين بعض الفنانين ـ وكثير من الفنانين السابقين ـ أن صُنع الفن يعني صُنع أشياء لا تشوبها شائبة، متجاهلين أن هذا الشرط المسبق من شأنه أن يستبعد معظم الأعمال الفنية الموجودة. في واقع الأمر، يبدو أن ترجيح المبدأ المضاد هو أمر معقول إلى حد بعيد، أي أن النقص ليس مجرد مكون شائع في الفن، بل هو، على الأرجح، مكون أساسي. أنسل آدمز، وهو الشخص الذي لا يخلط أبدًا بين الدقة والإتقان، كثيرًا ما يستحضر الحكمة القديمة القائلة إن «المتقن عدو الجيد»، وجهة نظره أنه إذا انتظر أن يكون كل شيء

في المنظر مضبوطًا تمامًا، فمن المحتمل ألا يحصل على صورة فوتوغرافية أبدًا.

كان آدمز محقًا: طلب الكمال يجلب العجز. يمكن التنبؤ بالقاعدة: عندما ترى خطأً فيما فعلته، فإنك توجه عملك نحو ما تتخيل أن بوسعك فعله على أكمل وجه. إنك تتشبث بشدة بما تعرف أنك قادر على إنجازه بالفعل، بعيدًا عن المخاطرة والاستكشاف، وربما بعيدًا على نحو أكبر عن العمل المحبب إلى قلبك. تجد أسبابًا للمماطلة، إذ إن عدم العمل يعني عدم ارتكاب أخطاء. اعتقادك أن العمل الفني ينبغي أن يكون متقنًا، يجعلك تصبح بالتدريج، مقتنعًا بأنه لا يمكنك أداء مثل هذا العمل (أنت على حق). نظرًا إلى أنك لا تستطيع أن تفعل ما تحاول أن تفعله، فإنك ستتوقف، إن آجلًا أو عاجلًا. وفي واحدة من تلك المفارقات الصغيرة النزقة في الحياة، لا يحقق الكمال سوى القاعدة نفسها. دوامة متقنة من السقوط: تسيء توجيه عملك، فتماطل، فتتوقف.

يعني طلبك الكمال أن تنكر إنسانيتك العادية والشائعة، كما لو أنك ستصير أفضل من دونها. لكن هذه الإنسانية هي المصدر الأساسي لعملك، وطلبك الكمال يحرمك من الشيء نفسه الذي تحتاج إليه لإنجاز عملك. يتطلب المضي في عملك الاعتراف بأن الكمال، في حد ذاته،

هو للمفارقة، مفهوم معيب. بالنسبة إلى ألبرت أينشتاين، حتى تركيب الرياضيات، الذي يبدو مثاليًّا، قُيِّد بملاحظته أنه «بقدر ما تشير قوانين الرياضيات إلى الواقع، تكون غير مؤكدة، وبقدر ما تكون مؤكدة، فهي لا تشير إلى الواقع». بالنسبة إلى تشارلز داروين، يتكشف التطور عندما تصبح استراتيجية البقاء المثالية، لأحد الأجيال، ضمانًا لنسله في عالم متغير. بالنسبة إليك، تكمن بذرة عملك الفني التالي في نواقص قطعتك الحالية. مثل هذه النواقص ـ أو الأخطاء، إذا كنت تشعر حيالها بالإحباط الواضح اليوم ـ هي مرشدك القيم والموثوق والموضوعي الذي لا يُصدر الأحكام، والذي يدلك على الأمور التي تحتاج إلى إعادة النظر فيها أو تطويرها تطويرًا أكبر. هذا التفاعل بين المثالي والواقعي هو بالتحديد الذي يُثبِّت فنك في العالم الواقعي، ويضفي معنى على كل منهما.

الفناء

قد يكون الوقوع في مرحلة من نضوب الإنتاج الفني بمثابة ضربة خطيرة بالنسبة إلى معظم الفنانين، وقد يساوي الفناء بالنسبة إلى قلة منهم. يتماهى بعض الفنانين مع أعمالهم تماهيًا وثيقًا لدرجة أنهم إذا تعين عليهم التوقف عن الإنتاج، ينتابهم الخوف من أنهم لن يكونوا شيئًا،

وأنهم سيتوقفون عن الوجود. على حد تعبير جون بارث: «إنه رعب شهرزاد: الرعب الذي يأتي من المطابقة الحرفية أو المجازية بين حكي القصص وبين العيش، أو الحياة نفسها. أنا أفهم ذلك المجاز بكل جوارحي».

يتجنب البعض الزج بأنفسهم في هذه الهاوية بأن يصبحوا منتجين على نحو هائل، منجزين أعمالًا بكميات وفيرة تفاجئ حتى أصدقاءهم المقربين، وتثير حسد أقرانهم على نحو إيجابي. يعملون بشغف، كما لو كانوا ممسوسين، أمَا كنت لتفعل الشيء نفسه، إذا كان ذلك هو كل ما يلزمك لتجنب شر الهلاك؟

آخرون، ليسوا أقل عزمًا، يظهرون بدلًا من ذلك احترافية جِدِّية معينة: دقيقة، لا هوادة فيها، وتهدف بالتحديد إلى صُنع الفن، وهو الشيء الذي يبرعون فيه حقًّا. يسجل التاريخ أن أنطوني تورلوب كان يكتب بانتظام تسعًا وأربعين صفحة من المخطوطة أسبوعيًّا، ما يعني سبع صفحات يوميًّا، وكان مهووسًا بالالتزام بهذا الجدول الزمني، لدرجة أنه إذا ما انتهى من رواية في الصباح كان ليخط عنوان كتابه التالي على صفحة جديدة، ويواصل العمل بلا هوادة حتى يتمم حصته لهذا اليوم. ويستطيع المؤلفان أن يشهدا، من خلال خبرتهما الشخصية، على أن المصور بريت وستون، وهو حالة دراسة افتراضية عن الفناء، قد أبقى في منزله، لعقود، على معرض

مستمر يضم عشرات أو أكثر من صوره الفوتوغرافية، التي
لم يتجاوز عمر أي منها ستة أشهر.

مع ذلك، لا بد أن هناك مصائر كثيرة أسوأ من عدم
القدرة على التوقف عن إنتاج الفن. الفنان الذي يخشى
الفناء قد يربط بين الفعل والوجود ارتباطًا وثيقًا أكثر مما
ينبغي، لكن هذه ليست سوى حالة من امتلاك الكثير مما
هو جيد. الفناء هو خوف وجودي: الخوف العادي ـ لكنْ
مبالَغ فيه بحدة ـ من أن يموت جزء منك عندما تتوقف
عن صُنع الفن. وهو أمر حقيقي. قد لا يفهم غير الفنانين
ذلك، لكن الفنانين أنفسهم، خصوصًا أولئك العالقين،
يفهمون الأمر جيدًا. عُمق احتياجك إلى صُنع الأشياء
يحدد مستوى المخاطرة المترتبة على عدم صُنعها.

السحر

تنتشر بين الهواة، والمتفائلين، والحمقى،
أسطورة مفادها أنه بعد مستوى معين من
الإنجاز، ينعزل الفنانون المشهورون في
جنة من نوع ما حيث لا يعود النقد يؤذي
مشاعرهم، وتتجسد الأعمال من دون
جهدهم.

ـ مارك ماتوسك

في مسرح مظلم، يلوح الرجل الذي يرتدي التوكسيدو بيده فتظهر حمامة. نسميه سحرًا. في مرسم تضيئه الشمس، تلوح فنانة بيدها فيكتسب عالم بأكمله شكلًا. نسميه فنًّا. أحيانًا لا يكون الاختلاف بمثل ذلك الوضوح التام. تخيل أنك حضرت لتوك معرضًا ورأيت أعمالًا قوية ومحكمة، أعمالًا لها مجال وغاية. تصريح الفنان، المعلق في إطار قرب الباب، واضح: تجسدت هذه الأعمال على الصورة التي تخيلها الفنان بالضبط. تتمتع الأعمال بصفة الحتمية. لكن تمهل دقيقة... تظن أن أعمالك لا تتمتع بالحتمية، وهكذا تبدأ في التساؤل: ربما يتطلب صُنع الفن عناصر خاصة، أو حتى سحرية، وهو الأمر الذي لا يتوفر لك.

الاعتقاد بأن الفن «الحقيقي» يمتلك مكونًا سحريًّا ما، لا يمكن تحديده، يضع عليك ضغطًا لإثبات أن أعمالك تحتوي على الشيء نفسه. هذا أمر خطأ، تمام الخطأ، أن تطلب من عملك إثبات أي شيء فهذا لا يؤدي إلا إلى الإخفاق. بالإضافة إلى ذلك، إذا ما تقاسم الفنانون أي وجهة نظر مشتركة بخصوص السحر، فمن المحتمل أن ينتابهم الشك القاتل أنه عندما تأتي أعمالهم على نحو جيد، فإنه فعل الحظ، وعندما تأتي على نحو سيئ، فهو سوء الطالع. الإيمان بالسحر يجعلك تشعر بأنك أقل

كفاءة في كل مرة يُثنى فيها على مميزات فنان آخر. لذا، إذا ما امتدح ناقد هَوَس نابوكوف بالتلاعب بالألفاظ، فإنك تبدأ في الشعور بالقلق حتى حيال قدرتك على تهجي كلمة «هَوَس». إذا ما عُظِّم حب كريستو لإجراءات سير العمل، فإنك تشعر بالذنب لأنك طالما كرهت تنظيف فُرشك. إذا ما صرح أحد مؤرخي الفن بأن الفن العظيم هو نتاج أزمنة وأماكن خصبة على نحو خاص، فإنك تبدأ في التفكير في أنك ربما تكون بحاجة إلى الانتقال إلى نيويورك.

من المسلَّم به أن صُنع الفن ربما يتطلب شيئًا خاصًّا، لكن ما يمكن أن يكون عليه هذا الشيء يبقى أمرًا مراوغًا على نحو ملحوظ، وهو ما يكفي للإيحاء بأنه شيء يختص به كل فنان، أكثر منه شيئًا شائعًا بينهم جميعًا. (أو ربما أنه ليس سوى تنويع من عالم الفن على قصة الإمبراطور العاري). ليست النقطة المهمة هنا إذا ما كنت تمتلك، أو لا تمتلك، ما يمتلكه الفنانون الآخرون، لكن أنه ليس بالأمر المهم. أيًّا كان ما لديهم فهو شيء يلزمهم لإنجاز عملهم. لن يساعدك في عملك، حتى لو امتلكته. سحرهم يخصهم. أنت لا تفتقر إليه. لا تحتاج إليه. لا علاقة لك به. نقطة.

التوقعات

تكمن التوقعات في مكان ما، متأرجحة بين العلة والأثر، بين مخاوف بشأن الذات ومخاوف بشأن الآخرين. لكونها واحدة من وظائف الدماغ العليا ـ كما تسمي قشرتنا المخية الحديثة نفسها بكل تواضع ـ توفر التوقعات وسيلة للدمج بين الخيال والحساب. لكنه توازن حساس، إذا ما مِلتَ كثيرًا، في أحد الاتجاهين، يمتلئ رأسك بأخيلة غير عملية، وإذا ما ملت كثيرًا، في الاتجاه الآخر، تقضي حياتك في وضع قوائم «مهام للإنجاز».

الأسوأ من ذلك، أن التوقعات تنجرف إلى الأخيلة بسهولة بالغة. في ورشة عمل للكُتَّاب عُقدت مؤخرًا، عمل المحاضر بجهد على إبقاء المناقشة مركزة على قضايا الحرفة، وهو الأمر الذي لم يكن قد جرى تعلمه حينئذ، في حين أن الكُتَّاب، الذين لم تنشر لهم أعمال حتى وقتها، عملوا بجهد مماثل على تحويل التركيز من خلال أسئلة عن حقوق الملكية وحقوق تحويل الأعمال إلى أفلام وعوائدها.

بتوفر ذرة ضئيلة من الواقع وأي قدر من التفاؤل، ستهمس التوقعات الغائمة في أذنك بأن العمل سيبلغ مستوى مرتفعًا، وأنه سيصبح سهلًا، وأنه سيصنع نفسه.

ومن دون ريب، تنفتح أبواب السماء، من حين إلى آخر، ويصنع العمل نفسه حقًّا. تأتي التوقعات غير الواقعية بسهولة، سواء من الاحتياجات العاطفية والأمل أو من ذكرى عصور المعجزات. لسوء الحظ، غالبًا ما تؤدي التوقعات المبنية على الوهم إلى خيبة الأمل.

على العكس من ذلك، التوقعات المبنية على العمل نفسه هي أكثر الأدوات، التي يمتلكها الفنان، فائدة. ما تحتاج إلى معرفته عن القطعة التالية يوجد ضمن القطعة الأخيرة. الموضع الذي تتعرف فيه على خاماتك موجود في آخر استخدام لها. الموضع الذي تتعرف فيه على طريقتك في التنفيذ موجود في طريقتك في التنفيذ. أفضل معلومة عما تحبه موجودة في آخر اتصال لك بما تحبه. ببساطة، أعمالك هي مرشدك: كتاب مرجعي، كامل وشامل وغير محدود، لأعمالك. ليس هناك كتاب مثله، وهو لك وحدك. لا يؤدي دوره بهذه الطريقة لأي شخص غيرك. توجد بصمات أصابعك في جميع أنحاء عملك، وأنت وحدك تعرف كيف وصلت إلى هناك. تخبرك أعمالك عن أساليبك في العمل، وانضباطك، ونقاط قوتك وضعفك، وحركاتك الاعتيادية، واستعدادك للتقبل.

الدروس التي يفترض أن تتعلمها موجودة في أعمالك.

لا يلزمك، كي تراها، إلا أن تنظر بوضوح، من دون أحكام، من دون احتياج أو خوف، من دون تمنيات أو آمال. من دون توقعات عاطفية. اسأل أعمالك عما تحتاج إليه هي، وليس ما تحتاج إليه أنت. ثم نحِّ مخاوفك جانبًا، وأنصت بالطريقة التي ينصت بها الوالد الصالح إلى طفل.

٤

مخاوف بشأن الآخرين

لا تتطلع إلى الخلف،
فقد يكون شيء ما على وشك اللحاق بك.
– ساتشل بيج

يُصنع الفن، غالبًا، في حالة من الاسترسال، يظهر طواعية في لحظات من علاقة إيثار تربطنا بالخامات والأفكار التي نهتم بها. في مثل هذه اللحظات، لا نترك مساحة للآخرين. ذلك، على الأرجح، ما ينبغي أن يكون عليه الأمر. الفن، في النهاية، نادرًا ما يتولد عن اللجان.

لكن في الوقت الذي ينبغي لردود أفعال الآخرين ألا تسبب مشكلات للفنان، عادة ما تفعل ذلك. تظهر المشكلات عندما نخلط بين أولويات الآخرين وأولوياتنا. نحمل معنا، باستمرار، نقادًا حقيقيين ومتخيلين. لغط حقيقي من الأصوات، بعضها نتذكره، والبعض الآخر نتكهن به، وكل منها يتوق إلى التعليق على كل ما نفعله.

٥٩

فوق ذلك، حتى المفاهيم العامة للمجتمع، عن صُنع الفن، تواجه الفنان بتناقضات مُعوِّقة. يُنتظر منك، بوصفك فنانًا، أن تجعل كل قطعة تالية جديدة ومختلفة على نحو متفرد، ومع ذلك، مألوفة على نحو أكيد، حينما توضع جنبًا إلى جنب مع أعمالك السابقة. يُنتظر منك أن تصنع فنًّا شخصيًّا على نحو حميم، وربما مؤلم، لكنه جذاب ويسهل فهمه على الجمهور الذي لم يسبق له أن عرفك شخصيًّا.

عندما يسير العمل جيدًا، فإننا نُبقي مثل هذه الاضطرابات الداخلية بعيدًا، لكن في أوقات عدم اليقين أو الحاجة، نبدأ في الإنصات لها. نتنازل عن اتخاذ القرار الفني لصالح آخرين عندما نخشى أن العمل نفسه لن يعود علينا بالتفهم والقبول والاستحسان الذي نبتغيه. بالنسبة إلى طلاب الأوساط الأكاديمية، فإن هذه المعاناة شبه مؤكدة، أنت تعلم، وما تعلمه صحيح، أنك إذا سلكت بعملك مسارات محددة، تستطيع أن تحصل على علامة «أ» في مادة الدراسة. خارج الأوساط الأكاديمية، قد تكتسي الموافقة باعتبارات أعلى، كاعتراف النقاد، والمعارض، والزمالات. لكن تظل الآلية كما هي.

في حالة الفن التجاري، تكون هذه المشكلة أقل إزعاجًا، إذ إن موافقة العميل أمر أساسي، والمكافآت

الأخرى ثانوية على نحو ملائم. لكن بالنسبة إلى معظم أنواع الفن، لا وجود لعميل، ومن خلال صُنع الفن، أنت تميط اللثام عن حقيقة ربما لم تتوقعها قَطُّ: أنك باتصالك الوثيق بما تحب، تكون قد كشفت عن نفسك للعالم. كيف يمكنك ألَّا تأخذ النقد الموجه لتلك الأعمال على محمل شخصي؟

التفهم

نتعلم جميعًا في سن مبكرة خطورة أن يُنظر إلينا باعتبارنا مختلفين. نتعلم أن الآخرين لديهم القدرة على تمييز الشخص المختلف، والتهكم عليه، والابتعاد عنه، ووصمه. انتقِ ذكرياتك الخاصة، لكننا شعرنا جميعًا، بطريقة أو بأخرى، بالأذى الذي تعرض له الولد الصغير حين أراد أن يكتب القصائد، أو البنت الصغيرة حين أرادت الانضمام إلى أولاد الحي في مباراة البيسبول.

تتعلم هذه الدروس من جديد، كفنان، بصورة أقوى. باتباعك لقلبك، من المحتمل أن عملك لن يكون مفهومًا للآخرين. ليس على نحو فوري على الأقل، وليس لجمهور عريض. عندما غذَّى المؤلف الكمبيوتر الخاص به بالسؤال: «أي الأعمال تحقق النجاح؟»، ظهرت قاعدة غريبة: يحدث تأخر ثابت، قدره خمس

سنوات تقريبًا، بين صُنع أي صورة سلبية وبين التوقيت الذي يبدأ فيه بيع الطبعات المأخوذة عن تلك السلبية. في الواقع، إن أحد الأعمال الذي يحظى الآن بشعبية قد عُرض لأول مرة في مراجعة نقدية لتوضيح مدى الضعف الذي أصبحت عليه الأعمال الجديدة حينذاك. يواجه فنانو الأداء الرعب الإضافي، للحظة الفعلية، المتمثل في تلقي حكم فوري على أعمالهم بصورة شخصية، مثل تَعرُّض قائد الأوركسترا لوابل من الفاكهة الفاسدة في منتصف العرض الأول لباليه «طقوس الربيع» في باريس، أو إنزال بوب ديلان عن المسرح مشيعًا بصيحات الاستهجان في المرة الأولى التي ظهر فيها على الهواء حاملًا جيتارًا كهربائيًا. لا عجب أن الفنانين غالبًا ما يضمرون شعورًا محبطًا بأن عملهم سيبوء بالفشل: في أي لحظة، دائمًا ما يكون العمل الأقدم أكثر جاذبية، ومفهومًا على نحو أفضل.

ليس هذا بالأمر الجيد. ففي النهاية، رغبتك بأن تكون مفهومًا هي احتياج أساسي، وتأكيد على الإنسانية التي تتشاركها مع كل مَن حولك. المخاطرة مخيفة: من خلال صُنعك لعملك الحقيقي، فإنك تمنح الجمهور سلطة إنكار التفهم الذي تسعى إليه، تمنحه السلطة لأن يقول: «أنت لست مثلنا، أنت غريب الأطوار، أنت مجنون».

ومن المُسلَّم به أن هناك احتمالًا دائمًا أن يكون الجمهور محقًّا، فقد تقدِّم أعمالك الدليل البيِّن على أنك مختلف، وأنك فريد. على الرغم من كل شيء، نادرًا ما يلعب الفنانون أنفسهم دور القدوة في الحياة العادية. كما علق بن شان ساخرًا: «قد يكون من دواعي الفخر أن تعلق لوحة لفان جوخ على جدار غرفة المعيشة، لكن احتمال وجود فان جوخ نفسه في غرفة المعيشة قد يؤدي بكثير من عشاق الفن المخلصين إلى التراجع». بعبارة أخرى، تبدو العبارات المبتذلة، بشأن فضائل الفردية، جوفاء على نحو واضح. قد يكون قدر الغموض، الذي يبدو عليه فنك ـ أو أنت نفسك ـ للآخرين، هو أمر لا تريد أن تواجهه حقًّا، ليس بشكل عاجل على الأقل.

ما يلزمك في بعض الأحيان هو مجرد فترة فاصلة، فجوة خالصة من الزمن بين صُنع فنك، والوقت الذي تشاركه فيه مع الغرباء. تابع أندرو وايث العمل على سلسلة «هيلجا» في تكتم، لمدة سنوات، بوتيرته الخاصة، بعيدًا عن أضواء النقد والاقتراح التي كانت لتصاحب إصدار كل قطعة جديدة من السلسلة. كذلك، فإن مثل هذه التأجيلات قد تتيح الوقت للعمل المنتهي ليجد مكانه الصحيح في قلب الفنان وعقله. باختصار، فرصة كي يُفهم فهمًا أفضل من صانعه. ثم عندما يحين الوقت للآخرين كي يصدروا

حكمهم على العمل، يكون رد فعلهم، مهما بلغ، أقل تهديدًا.

على العكس من ذلك، الاستجابة لمخاوفك، من ألا تكون مفهومًا، تجعلك خاضعًا لجمهورك. في أبسط السيناريوهات، وأشدها فتكًا مع ذلك، تُخفَّف الأفكار إلى ما تتصور أن بوسع جمهورك أن يتخيله، مما يؤدي إلى عمل متعالٍ أو متعجرف أو كليهما. والأسوأ من ذلك، أنك تتخلى عن رؤيتك الأكثر سموًّا من خلال هذه العملية.

في مواجهة مثل هذه الضغوط، من المشجع العثور على قدوة معاصرة حتى بين أولئك الذين وضعوا نصب أعينهم مخاطبة الجمهور. وضع تشارلز إيمز وجاكوب برونوفسكي ثقتيهما، على الدوام، في قدرة جمهوريهما على التطور والاستفادة من الأفكار الجديدة. صمم إيمز، ذات مرة، عرضًا متحفيًّا يحتوي على مخطط حائطي بطول خمس عشرة قدمًا، يصور تاريخ الرياضيات، بأكمله، مُجمعًا من أحرف مطبعية بالمقاس المستخدم في الكتب المدرسية، وصور صغيرة على نحو مماثل. وعندما سُئل عمن قد يكون في مقدوره قراءة الجدار بالكامل، أجاب بهدوء أن كل شخص من المحتمل أن يستوعب قدر ما يستطيع، ويطرح ما تبقى جانبًا. وأضاف أن ذلك قد يشمل

بعض الأشخاص الذين سيربطون بين البيانات بما يتجاوز ما يمكن أن يدركه إيمز نفسه.

القبول

تبدأ مشكلة القبول، بالنسبة إلى الفنان، على هيئة سؤال بسيط مُلح: عندما يُنظر إلى عملك، هل سينظر إليه باعتباره فنًّا؟ هو سؤال بسيط له سوابق تعود إلى مرحلة الطفولة. أتذكر طقوس الملعب المهيبة، حين كانت المشاعر السيئة تغمرك إذا لم تكن أول شخص يقع عليه الاختيار لينضم إلى فريق السوفتبول؟ بل إنك كنت لتفضل الموت على ألَّا يتم اختيارك على الإطلاق.

إذا كانت الحاجة إلى القبول هي حاجتك إلى أن يُقبل عملك باعتباره فنًّا، عندها، يكون ذلك مصحوبًا بالخوف من أن يقابل عملك بالنبذ على اعتباره حرفة أو هواية أو زخرفة... أو لا شيء على الإطلاق. في عام ١٩٧٣، عندما كتب بومونت نيوهول أول تقرير موضوعي عن التصوير الفوتوغرافي (وعنونه، على نحو منطقي: «تاريخ التصوير الفوتوغرافي»)، انتقى عددًا مختارًا من الفنانين ليمدحهم أو ينتقدهم. كما اتضح فيما بعد، لم يكن المصورون الذين تضرروا من كتاب نيوهول هم هؤلاء الذين وجه إليهم النقد القاسي، إنما أولئك الذين أهملهم تمامًا. في

أذهان الجمهور، أصبح السابقون جزءًا من «تاريخ التصوير الفوتوغرافي»، على الأقل، في حين لم يعد للاحقين أي وجود! مرت عقود، بالمعنى الحرفي للكلمة، قبل أن يبدأ بعض «المهمشين» الموهوبين في تلقي التقدير على أعمالهم التي أنتجوها في تلك الأيام المبكرة. هذا المثال متطرف، لكن لا يزال التحذير العام ساريًا: القبول والموافقة هما سلطتان يمتلكهما آخرون، سواء كانوا أصدقاء، أو زملاء دراسة، أو قيمي معارض... أو كاتب التاريخ الدقيق للوسيط الذي اخترته.

قد تصطدم الحاجة إلى القبول مباشرة، عند نقطة ما، مع الحاجة إلى أن تؤدي عملك. إنه أمر سيء للغاية، إذ إن الطلب نفسه يبدو معقولًا بدرجة كبيرة: أنت تريد أن تؤدي عملك، وتبتغي أن تنال القبول على ذلك. هي أغنية راعي البقر ورجل الجبل، أسطورة الصدق الفني و«شارع سمسم»: غنِّ الأغنية النابعة من قلبك، وعاجلًا أم آجلًا، سيقبل العالم الصوت الأصيل ويكافئه. يسخر المحنكون فاقدو الحماس من هذا الاعتقاد، لكن عادة ما يقبلون به، بالإضافة إلى كل شخص آخر على أي حال.

في العالم غير الفني، يُعد نظام الاعتقاد هذا آلية دافعة وراء الحلم الأمريكي، وأزمة منتصف العمر. في عالم الفن، هو مانع أساسي يحول دون خيبة الأمل. في

النهاية، يكافئ العالم العمل الأصيل، إلى حد كبير. ليست المشكلة مطلقة، إنما هي مؤقتة: بحلول الوقت الذي تصل فيه مكافأتك، قد لا تكون موجودًا لتحصيلها. يُسأل عن ذلك شوبرت.

هناك تفسير مباشر، بعض الشيء، لذلك: عند أي لحظة، يقدم العالم دعمًا أكبر بكثير للعمل الذي يفهمه بالفعل، أي الفن الموجود، بالفعل، منذ جيل أو قرن. غالبًا ما تفشل الأعمال، التي تعبر عن أفكار جديدة حقًّا، في أن تنال الأهلية ولو باعتبارها فنًّا رديئًا. يُنظر إليها ببساطة على أنها ليست فنًّا على الإطلاق. باليه «عصفور النار»، لسترافينسكي، الذي يُعد اليوم واحدًا من أفضل القطع السيمفونية في القرن العشرين من حيث الغنى اللحني، رُفض عند عرضه لأول مرة باعتباره نشازًا صِرفًا. كتاب «الأمريكيون»، لروبرت فرانك، الذي يُعد الآن نقطة تحول أساسية في التصوير الفوتوغرافي الأمريكي، تجاهلته الصحافة والجمهور تجاهلًا كبيرًا عند نشره، إذ لم يستطيعوا فك غموض رؤيته المظلمة والضبابية. إنه تقليد بائس: تم تجاهل الفنانين، من أتجيه إلى ويجي، خلال معظم حياتهم المهنية لأن الأعمال التي أنتجوها لا تتماشى مع التعريف المستقر للفن.

تبدو المعضلة واضحة بالنسبة إلى الفنان: تعرض

لخطر الرفض باستكشاف عوالم جديدة، أو تملق لنَيل القبول باتباع مسارات مستكشفة جيدًا. غني عن القول، أن الاستراتيجية الأخيرة هي الاختيار الذي يحمل الوصفة الناجعة حيثما يكون القبول هو الهدف الأساسي. اصنع عملًا يشبه الفن، وسيأتي القبول تلقائيًا.

لكن مما يثير العجب، أن هذا ليس بالأمر السيئ على الدوام. بالنسبة إلى المبتدئين على الأقل، فإن مرحلة ما من الاستعادة الفنية هي أمر حتمي ويعود بالفائدة، وفقًا لمعظم الأقوال. من الحكمة، على الصعيدين الفكري والتقني، أن تظل على علاقة جيدة مع تراثك الفني، لئلا توقف تجليات عديدة على إعادة اختراع العجلة. لكنك إذا ما أخذت ذلك في الحسبان، فإن الخطر الأكبر ليس أن الفنان سيفشل في تعلم أي شيء من الماضي، بل في تعليم أي شيء للمستقبل.

يقدم تاريخ الصور الحديث مثالًا مرجعيًا على المخاطرات التي يمكن أن يكمن فيها النجاح، نفسه، على طريق النمو الفني المستمر. في الثلث الأول من القرن العشرين، أقدم إدوارد وستون وأنسل آدمز، وقلة من رفاق الطريق، على قلب عالم فن التصوير الفوتوغرافي، ذي التركيز الناعم السائد آنذاك، رأسًا على عقب. فعلوا ذلك عن طريق تطوير فلسفة بصرية تُجيز الصور ذات التركيز

الحاد، وقدموا المنظر الطبيعي كموضوع لفن التصوير الفوتوغرافي. استغرق الأمر عقودًا حتى تغلغلت وجهة نظرهم في وعي الجمهور، لكنها بالتأكيد فعلت ذلك الآن: الصور التي تظهر في أي شيء، من إعلانات السجائر إلى كتب «سييرا كلوب»، تدين بالفضل في قبولها الحالي، لتلك الصور التي كانت مثيرة للجدل ذات يوم. بالفعل، أصبحت تلك الرؤية ملكًا لنا، إلى حد كبير، لدرجة أن الأشخاص الذين يُصوِّرون اليوم مشهد عطلة، غالبًا ما يفعلون ذلك آملين أنه إذا سار كل شيء على ما يرام، فلن تبدو النتيجة مجرد منظر طبيعي، ستبدو كصورة منظر طبيعي لأنسل آدمز.

سوف يمر هذا أيضًا، بالطبع. في الحقيقة، لقد مرَّ من الناحية الفنية. إن تكَشُّف الفكرة العظيمة بمرور الوقت يشبه نمو البلورة ذات الأوجه، مما يسمح للتفاصيل والتحسينات بأن تتضاعف إلى ما لا نهاية، لكن بمقياس مستمر في التناقص. أخيرًا، ربما بحلول أوائل الستينيات، لم يكن أولئك الذين تقدموا لحمل راية تصوير المنظر الطبيعي للساحل الغربي، ينتجون فنًّا بقدر ما كانوا يستنسخون تاريخ الفن. انفصلوا لجيلين أو ثلاثة عن القوى التي ولدت الرؤية التي تحمسوا لها، وتُركوا ليصنعوا صورًا لخبرات لم يسبق لهم أن مروا

بها. إذا وجدت نفسك عالقًا في ظروف مماثلة، فإننا، بكل تواضع، نقدم لك هذا المقطع من حكمة رعاة البقر: عندما يَنفُق حصانك، ترجل عنه.

على الرغم من حكمة رعاة البقر، تستمر رؤية وستون/ آدمز في تدعيم صناعة حرفية ضخمة لفنانين ومعلمين حتى يومنا هذا. لكن هذا الأمان له ثمن. تُحبَط المخاطرة، ويُعاق التطور الفني، ويُهذَّب الأسلوب الشخصي ليلائم قالبًا موجودًا سلفًا. وحدهم، أولئك الذين يلتزمون باتباع مسارهم الفني الخاص، هم الذين يستطيعون أن ينظروا إلى الخلف ويروا هذه المشكلة من منظور واضح: ليس السؤال الحقيقي، بخصوص القبول، إذا ما كان سينظر إلى عملك بوصفه فنًّا، لكن إذا ما كان سينظر إليه بوصفه فنك.

الإجازة

بين القَبول والإجازة فرق دقيق، لكنه بَيِّن. يعني القبول أن يُنظر إلى عملك باعتباره الشيء الحقيقي، تعني الإجازة أن يحب الناس عملك. ليس من غير المألوف أن تحظى بأحدهما من دون الآخر. كانت أعمال نورمان روكويل محبوبة للغاية في أثناء حياته، لكنه لم يحظَ بتقدير نقدي كبير. قبل ذلك بجيل أو اثنين، كان هناك اتفاق واسع الانتشار على أن جون سينجر سارجنت كان جيدًا، لكن

لأسباب مختلفة لم تكن أعماله، في الواقع، تحظى بالتقدير. على الجانب الآخر، يحمل كل عام حزمة صغيرة من الأفلام والمسرحيات التي تحظى بمراجعات نقدية متحمسة، بينما هي في طريقها لتصبح كوارث على صعيد شباك التذاكر.

أما وجود هذا الانقسام، فهو أمر ليس من الممكن إنكاره، وأما التساؤل عما إذا كان لا بد له أن يكون مُدمرًا، فإجابته غير محسومة. من الواضح تمامًا أن القبول والإجازة، كليهما، من القضايا المتعلقة بالجمهور. في بيئة صحية، يحظى العمل الجيد بالتقدير، إذا كان تحققك الوحيد هو التحقق الداخلي، فقد فشل المجتمع. يبدو كلامًا دقيقًا بما فيه الكفاية، لكن المجتمع ليس نسيجًا واحدًا، إنه يحتوي على بيئات متعددة، بعضها قامع للفنان، والبعض الآخر داعم له. بالنسبة إلى الفنانين الذين يتألقون عند التحديات، لا يمثل الرفض مشكلة، لكن بالنسبة إلى كثيرين آخرين، تؤثر الخيبات المستمرة تأثيرًا سلبيًا. بالنسبة إلى أولئك الفنانين، تعني النجاة إيجاد بيئة يحظى فيها الفن بالتقدير، وصُنع الفن بالتشجيع.

في بيئة داعمة ـ غالبًا ما يوجد المرء في المجتمع الفني نفسه ـ غالبًا ما يصبح القبول والإجازة مرتبطين، بل لا يمكن تمييزهما. المعيار الفعلي لهذا الجمهور الراقي، إلى

حد ما، يتجسد في ملاحظة إد روشه: «ليس هناك سوى فنانين ومدعين»، أو ملاحظة جيمس ثربر: «ليس هناك فن جيد وفن رديء، هناك فن فقط، وللأسف، القليل منه!».

لكن كن حذرًا: هذا الأسلوب قد يكون قاسيًا. هناك قصة، ربما تكون ملفقة، عن مُعلِّم طُلب منه أن يُحكِّم مسابقة بين عشرين عازف بيانو من الشباب، عن طريق تقييم أدائهم بدرجات من واحد إلى مائة. بعد ذلك، أظهرت ورقة تسجيل الدرجات أنه منح عازفَين المائة درجة كاملة، ومنح الباقي صفرًا. عندما احتج الرعاة، أجاب بوضوح: «إما أن تستطيع العزف أو لا تستطيع».

يروي المخرج لو ستومان قصة حقيقية مؤلمة عن الذهاب بفيلمه الأول ـ أنتجه وهو لا يزال طالبًا ـ إلى المدرس والمنظِّر السينمائي الشهير سلافكو فوركابيتش. شاهد المدرس الفيلم بأكمله صامتًا، وعندما انتهى العرض قام وغادر الحجرة من دون أن ينبس بكلمة. ركض ستومان، الذي كان يرتجف بدرجة كبيرة، في إثر مدرسه وسأله: «ولكن ما رأيك في فيلمي؟»، فأجاب فوركابيتش: «أي فيلم؟».

الدرس المستفاد هنا، ببساطة، أن طلب الإجازة، حتى من أقرانك، يضع قدرًا خطيرًا من السلطة في أيدي الجمهور. وما هو أسوأ من ذلك، أن الجمهور نادرًا

ما يكون في وضع يسمح له بمنح، أو حجب، الإجازة في المسألة الوحيدة ذات الأهمية، أعني، ما إذا كنت تحرز تقدمًا في عملك أم لا. إنهم في وضع جيد للتعليق على الكيفية التي أثر فيهم بها المُنتج النهائي، أو تحداهم أو سرى عنهم، لكن لديهم القليل من المعرفة أو الاهتمام بأسلوب عملك. يأتي الجمهور لاحقًا. الاتصال الخالص الوحيد هو بينك وبين عملك.

٥

اكتشاف عملك

ليس بوسعك أن تخطو في النهر نفسه مرتين،
لأن مياهًا أخرى تتدفق نحوك على الدوام.
– هرقليطس (٥٤٠–٤٨٠ ق.م تقريبًا)

يبدي العالم الحياد التام إذا ما أتينا بأي تعبير خارجي عن رغباتنا الداخلية. لكن ليس الفن. يحظى الفن بسرعة الاستجابة على نحو رائع. لا يكون رد الفعل أكيدًا، بهذا الشكل، مثلما يكون في صُنع الفن. إن العمل الذي ننجزه، حتى لو لم يلحظه العالم أو يرغب فيه، يتذبذب في تناغم تام مع أي شيء نضعه فيه، أو نحذفه منه. قد لا يكون هناك أي رد فعل على ما نفعله في العالم الخارجي، أما في أعمالنا الفنية فليس هناك سوى رد الفعل.

الشيء الرائع، على نحو أخاذ، في رد الفعل هذا هو صدقه. انظر إلى عملك وسيخبرك كيف يكون الأمر عندما تُحجِم أو تُقدِم. عندما تكون كسولًا، يكون فنك

٧٥

كسولًا. عندما تُحجِم، يُحجِم. عندما تتردد، يقف هناك محدقًا، داسًّا يديه في جيبيه. لكن عندما تعمل، فإنه يندلع مثل ألسنة اللهب.

مؤخرًا، بدأت فنانة تشكيلية متحققة في ممارسة الرقص، بدافع المتعة وحدها، لم يسبق لها أن جربت شكلًا فنيًّا بدنيًّا بصورة خالصة هكذا، لقد ألقت بنفسها فيه. أصبحت منخرطة على نحو أكثر تكثيفًا: مزيد من الفصول الدراسية، مزيد من التدريب، مزيد من الالتزام، ساعات أطول. لقد برعت فيه. ثم حدث ذات يوم بعد عدة أشهر، أن طلب منها معلمها التفكير في الانضمام إلى فرقة أدائية، جَمدَت، وتوقفت عن الرقص، وأصبحت متيبسة وواعية بنفسها. أصبحت جادة، أو أصبحت جادة على نحو مختلف. لم تَشعر بأنها كانت جيدة بما فيه الكفاية، ولم يكن رقصها بالقطع، جيدًا بما فيه الكفاية. أصابها الإحباط والاكتئاب حتى اضطرت إلى التوقف عن الرقص لبضعة أسابيع لترتب أمورها. في الآونة الأخيرة، عادت إلى العمل على أرضية جديدة لكنها مهتزة، يتعين عليها أن تعلم نفسها أن تستمتع بالعمل الجاد، من أجل الآخرين، في الفن الذي كانت، سابقًا، تستمتع به بشغف من أجل نفسها.

داخل الفنان النموذجي ـ أي الحقيقي ـ لا تستمر

المخاوف في وجودها فحسب، بل توجد جنبًا إلى جنب مع الرغبات التي تكملها، وربما توجهها، وتغذيها بالتأكيد. إن العاطفة الساذجة، التي تؤدي إلى أعمال أُنجزت في ظل الجهل بالعقبات، تصبح بالشجاعة، عاطفة متبصرة تؤدي إلى أعمال أُنجزت بتقبُّل كامل لتلك العقبات.

يأتي عدم اليقين على رأس تلك العقبات. نعلم جميعًا الشعور بالفن المُنجَز الذي ينبع من قلب عدم اليقين. تُقدم الموسيقى أوضح الأمثلة، ببنيتها الكثيفة وتجريدها الضمني. في عروض الموسيقى الرائعة بحق، يوجد تجاذب مستمر بين النقطة التي يبلغها الخط الموسيقي، والنقطة التي نعرف أنه، بالضرورة، ذاهب إليها. نكون غير متأكدين (للحظة) من الكيفية التي ستتبدد بها «الفوجا»، وإن كنا نعلم (في اللحظة نفسها) أنها ستفعل. ما يصعب وصفه هو الحالة الذهنية التي يلازمها الفنان في أثناء العمل على القطعة الفنية. يحتفظ معظم الفنانين، في متناول أيديهم، بخطاب تدربوا عليه جيدًا لتلبية الطلب المعتاد بشرح القطعة المنتهية. لكن إذا طُلب منهم وصف شعورهم في أثناء صُنع الفن، فغالبًا ما يأتي ذلك مشابهًا، بعض الشيء، لمحاولة دورثي وصف «أرض أوز» للعمة إم. توجد فجوة متسعة، بين الفكرة الأولية والقطعة المنتهية، نستطيع أن نرى من خلالها، لكن ليس

من الممكن أبدًا أن نصفها وصفًا كاملًا. تكمن الأوقات المميزة حقًّا، في صُنع الفن، في تلك اللحظات التي يتحول عندها المفهوم إلى واقع، تلك اللحظات التي يتم عندها عبور الفجوة. تفشل الأوصاف الدقيقة، لكن الأمر يرتبط بالحالة الرائعة التي يبدو فيها أن العمل يصنع نفسه ويؤدي الفنان دور الدليل أو الوسيط، مما يسمح لكل الأشياء بأن تكون ممكنة.

بأخذ كل شيء في الحسبان، تكون الفائدة أكبر، في معظم أمور الفن، إذا كان المرء صانعًا وليس مشاهدًا. لكن ليس في كل أمور الفن. عندما يتعلق الأمر بنطاق الفن الذي نستطيع أن نشارك فيه بما يعود بالنفع، تظل بعض الفوائد التي تتدفق على مشاهدي الفن، بلا حساب، غير متاحة لصنّاع الفن على نحو مُحبِط. تستطيع بوصفك مستمعًا أن تصل إلى النشوة والتطهر الأصليين من خلال الأداء الموسيقي لقداس باخ في سلم سي الصغير، لكن لا يمكنك، بوصفك صانعًا للفن، أن تؤلف ولو أكثر المقطوعات تواضعًا من موسيقى الباروك الأصلية. يمكنك كمشاهد أن تستشعر الشحنة الموجودة في صرة الأدوية الخاصة بهنود السهول، لكن ليس بوسعك، كفنان من القرن الحادي والعشرين، أن تشرع في صُنع واحدة بنفسك.

ما تطاله يدك كمشاهد أكبر بكثير مما تطاله يدك كصانع

للفن. ربما يكون الفن، الذي يمكنك اختباره، قد أُبدع على بُعد آلاف الأميال أو قبل ألف عام، في حين يرتبط الفن الذي تستطيع أن تصنعه، على نحو قطعي، بأوقات وأماكن حياتك. محددًا بالأرض التي تقف عليها. من دون إيمان مشترك، على نطاق واسع، برمزية الصليب والوعد بالفردوس الأعلى، فإن التصميم صليبي الشكل والأبراج الشاهقة للكاتدرائيات الأوروبية العظيمة لن يكون لها أي معنى على الإطلاق. بالنظر إلى الامتداد الشاسع للتاريخ، فإنها ليست سوى لحظات قليلة تلك التي تمتلك فيها أحداث وعقائد معينة القوة لحملنا على بناء الكاتدرائيات أو كتابة مقطوعات «الفوجا». ومن المحتمل، كذلك، أن نطاقًا من المعتقدات، ضيقًا على نحو مماثل، وإن يكن مختلفًا، يوجه كل ما هو متاح لنا، على نحو أصيل، في هذه اللحظة. تسهم الأعمال الفنية الحاسمة مساهمة مباشرة في نسيج التاريخ المحيط بصانعها. بعبارة أبسط، عليك أن تكون هناك.

النتيجة المفاجئة ـ وربما المزعجة ـ المترتبة على هذا، هي أننا لا نتعلم الشيء الكثير عن صُنع الفن من خلال انفعالنا به. يرتبط صُنع الفن بالمكان الذي نوجد فيه، وخبرة الفن التي نمتلكها كمشاهدين ليست دليلًا موثوقًا به على المكان الذي نوجد فيه. يسهل علينا كمشاهدين،

أن نختبر قوة الأرض التي لا يمكننا أن نقف عليها، مع ذلك، يمكن لهذه الخبرة أن تكون على درجة من الفتنة تجعلنا نشعر، تقريبًا، بالالتزام الأخلاقي تجاه صُنع فن يعيد الإمساك بتلك القوة. أو على نحو أكثر خطورة، نشعر بالإغراء كي نستخدم التقنيات نفسها، والموضوعات نفسها، والرموز نفسها التي تظهر في العمل الذي أثار شغفنا. كي نستعير، في واقع الأمر، شحنةً من زمان ومكان آخرين.

ليس من الصعب أن نتتبع مصدر هذا النوع من الرغبات: يحمل تاريخنا الشخصي، ذكريات صافية عن الاستغراق في عمل مُوحٍ. أحيانًا ما تكون مثل هذه اللحظات جزءًا من الأسباب التي جعلتنا نصبح فنانين، وتكتسب الأعمال التي أثرت فينا أهمية بطولية. أستطيع أن أتذكر، في طرفة عين، اللحظة التي رأيت فيها إحدى طبعات إدوارد وستون للمرة الأولى. كنت أسير في البهو ذي الإضاءة الخافتة، المفضي إلى حجرة الكتب النادرة في مكتبة جامعة كاليفورنيا، عندما ألقيت نظرة خاطفة، ورأيت هذه الصورة. توقفت عن المشي. أصابني الارتباك. لم تكن تشبه أي شيء آخر رأيته من قبل. كان بها... شيء ما... يفوق بكثير أي صورة فوتوغرافية أخرى، وخاصة صوري. كانت من نوع مغاير. في تلك اللحظة، تشكَّل بداخلي تمييز غير واعٍ. الآن، هناك

نوعان من الصور الفوتوغرافية في العالم: الصورة الماثلة أمامي على الجدار، وكل ما تبقى من صور.

كانت لديَّ هذه الصورة لأختبر أثرها. لكن لا هي، ولا أي شيء يماثلها، كان يمكن لي أن أصنعه. ومع ذلك، استغرق الأمر عقدًا من الزمن لتبديد الشعور المزعج بأن أعمالي يجب أن تفعل ما قد فعله هذا العمل. وما زالت أمامي سنوات أخرى قبل أن أفكر في التساؤل عن مكمن القوة في هذا الفن: في الصانع؟ في العمل الفني؟ في المشاهد؟

في الواقع، إذا لم يكن هناك، في أي وقت، سوى عمل من نوع معين، يردد أصداء الحياة، فذلك هو العمل الذي يلزمك أن تصنعه في تلك اللحظة. إذا حاولت أن تصنع أي أعمال أخرى، فستفوتك اللحظة. في الواقع، ترتبط أعمالنا ارتباطًا وثيقًا بالزمان والمكان، حتى إننا لا نستطيع أن نستعيد خلفيتنا الجمالية التي تعود إلى الأوقات الماضية. حاول، إن استطعت، أن تعيد إشغال حيزك الجمالي الخاص ببضع سنوات منصرمة، أو حتى بضعة أشهر. يستحيل عليك أن تفعل ذلك. لا تستطيع سوى أن تمضي قدمًا، حتى عندما يحمل ذلك في طياته إدراكًا لذيذًا ومؤلمًا بأنك قد أنجزت أفضل أعمالك بالفعل.

نادرًا ما مثَّل هذا الوعي الذاتي المتزايد مشكلة في

الأزمان السابقة، عندما بدا من البديهي أن يمتلك الفنان ـ وأي شخص آخر، بهذا الصدد ـ جذورًا متشابكة بعمق مع ثقافته. كانت المعاني والعلامات الفارقة المتجسدة في الأعمال الفنية تمثل جزءًا من نسيج الحياة اليومية، وكانت المسافة الفاصلة، بين القضايا الفنية وجميع القضايا الأخرى، صغيرة. جميع السكان كانوا يُعدون جمهورًا، إذ اشتملت أعمال الفنانين على كل شيء من أيقونات الكنيسة إلى الأدوات المنزلية. عُرضت مسرحيات يوربيديس، في المسرح اليوناني المدرج قبل اثنين وعشرين قرنًا، باعتبارها مسرحًا معاصرًا، أمام حضور يتألف من أربعة عشر ألف متفرج. ليس الأمر كذلك اليوم.

أصبحت القضايا الفنية في معظمها، اليوم، شأنًا يخص الفنانين وحدهم، منفصلة بذلك عن المجتمع الأكبر الذي يتجاهلها. غالبًا ما يُحجم الفنانون، اليوم، عن الانخراط في أزمان حياتهم وأماكنها، ويختارون بدلًا من ذلك التحدي الفكري، إلى حد كبير، المتمثل في الانخراط في أزمنة الفن وأماكنه. لكنه بناء اصطناعي يبدأ وينتهي على باب قاعة العرض. بصرف النظر عن جمهور قراء مجلة «أرتفوْرَم»، فمن الملاحظ أن قلة من الناس تقض مضجعها محاولة دمج تفكيكية المحاكاة الحيوية محايدة

الجنوسة في حياتهم الخاصة. كما علق آدم جوبلينك في مجلة «نيويوركر» قائلًا: «فن ما بعد الحداثة هو، قبل كل شيء، فن ما بعد الجمهور».

في مثل هذا الوضع، يجتهد الفنانون من أجل العثور على مادة لها أي أهمية إنسانية. قد يبدأون، تحت ضغط انعدام الصلة المُحدِق بهم، في ملء لوحاتهم البيضاء وشاشاتهم بجزيئات مشحونة «مختلسة» من أماكن وأزمنة أخرى. يبدو الأمر كما لو كان الفن نفسه يضفي العمومية على موضوعه، كما لو أن جميع العناصر في الفن تحتفظ تلقائيًا بطاقتها، كما لو كان بإمكانك دمج طاقة صرة الأدوية لهنود السهول في عملك الفني. أو تكمل على نحو مقنع، الحركات الختامية في سيمفونية شوبرت الناقصة. في الواقع، يمكنك اليوم أن تجد فنانين بيضًا من ساكني المدن، أناسًا لا يمكنهم أن يميزوا الذئب الأمريكي من كلب الرعي الألماني على مسافة مائة قدم، يُضمنون أعمالهم صورة «الذئب المخادع: كايوتي»، عرضيًّا. الافتراض المشترك لجميع الجهود المماثلة هو أنه من الممكن استعارة الطاقة عبر الزمان والمكان. هذا ليس ممكنًا. هناك فرق بين المعنى المُجسد والمعنى المشار إليه. كما قال أحدهم، لا ينبغي لأحد أن يعتمر قبعة صياد يوناني سوى صياد يوناني.

القانون

إذا كنت مثل أغلب الفنانين الذين نعرفهم، فإنك اعتدت على الأرجح، مراقبة أعمالك وهي تتكشف بسلاسة على مدى فترات طويلة من الزمن، حتى يأتي يوم، وتتوقف من دون سبب مباشر واضح. يُعد حدوث هذه القطيعة غير المتوقعة، أمرًا شائعًا إلى حد الكليشيهات، مع ذلك، يتعامل الفنانون عمومًا مع كل حالة متكررة كدليل مشؤوم على فشلهم. المرشحون للعب دور رئيسي في إحجام الفنانين المتواصل هم: (١) لقد نفدت منك الأفكار الجديدة تمامًا وإلى الأبد، أو (٢) لقد كنت، طوال الوقت، تتبع طريقًا مسدودًا ليس له قيمة. والفائز، لحسن الحظ، ليس أيًّا منهما. أحد أفضل أسرار صُنع الفن المحفوظة أن الأفكار الجديدة تظهر على مسرح الأحداث بتواتر أقل من الأفكار العملية، الأفكار التي يمكن إعادة استخدامها لآلاف التنويعات، وتوفر الإطار لمجموعة كاملة من الأعمال بدلًا من قطعة واحدة. وبالمثل، فإن خوفك من أنك كنت تتبع الطريق الخطأ هو مجرد شكل سلبي من التخيلات الشائعة عن الطريق الذي كان يمكن للأمور أن تسلكه. إن الوعد بمسارات لم تتبع يعني أن عملنا أقوى، في الحقيقة، مما يبدو، وأنه سيتألق بصورة

٨٤

أفضل، فقط، لو كانت الأشياء مختلفة قليلًا. في مواجهة عمل مخيب للآمال، يريد المرء أن يتبرأ منه بطريقة أو بأخرى، أن يقول: «ليس هذا ما قصدت فعله. كان ينبغي لي أن أجعلها أكبر، أو ربما أصغر. لو كان لديَّ، فقط، المزيد من الوقت أو المال أو لم أكن قد استخدمت هذا الطلاء الأخضر الغبي»... نود جميعًا أن نتملص من هذا الشيء، لكن الحقيقة التي لا يمكن إنكارها هي أن فنك ليس بعض البقايا التي تتخلف عندما تخصم كل الأشياء التي لم تفعلها، إنه المكافأة الكاملة على كل الأشياء التي فعلتها. قد يتمنى المرء كذلك، من باب التمادي، أن يعود وينتقي أرقامًا أفضل ليانصيب الأسبوع الماضي.

بصرف النظر عن المسافرين في الزمن والمنجمين في الصحف، فإن مَن تبقى منا يتعاطى، مباشرة، مع اليوم فقط. وعندما تراقب أعمالك وهي تتكشف يومًا بعد يوم، قطعة تلو أخرى، فلا مهرب لك من العلة والمعلول. ببساطة، ما فعلته أوصلك إلى هنا، وإذا طبقت الأساليب نفسها مرة أخرى فمن المحتمل أن تحصل على النتيجة نفسها مرة أخرى. هذا صحيح، ليس فقط لأنك عالق، لكن في جميع الحالات الفنية الأخرى كذلك، بما فيها الحالات غزيرة الإنتاج. من ناحية عملية، نجد أن الأفكار والأساليب التي تعمل، عادة ما تستمر في العمل. إذا كنت تعمل بسلاسة

وأصبحت الآن عالقًا، فمن المحتمل أنك أقدمت بلا داعٍ، على تغيير بعض الأساليب التي كانت تعمل على نحوٍ جيد فعلًا. (كنت لسنوات أخصص أوقات النهار لصُنع الفن والأُمسيات للكتابة. عند مرحلة ما، فعلت عكس هذا البرنامج، ومرت شهور قبل أن أدرك أن كتاباتي قد جفت، ليس بسبب نقص الأفكار، لكن لأنه اتضح أنني أعالج الكلمات في منتصف الليل بصورة أفضل مما أفعل في منتصف النهار). عندما تسوء الأمور، قد تكون أفضل استراتيجية افتتاحية لديك أن تعود، بحرص ووعي بالغَين، إلى العادات والممارسات التي اتبعتها في آخر مرة شعرت فيها بالرضا عن عملك. عُد إلى المجال الذي انحرفت عنه وسيعود العمل بدوره، في بعض الأحيان على الأقل.

وأحيانًا لا يحدث ذلك. الفنانون، مثلهم في ذلك مثل غيرهم من الناس، يعانون كسلًا مفاهيميًّا، ميلًا للحفاظ على اتجاه بوصلتهم حتى عندما ينحرف العالم نفسه ويتخذ اتجاهًا آخر. عندما عاد كولومبوس من العالم الجديد وأعلن أن الأرض كروية، استمر كل شخص آخر، تقريبًا، في الاعتقاد بأن الأرض مسطحة. ثم ماتوا، ونشأ الجيل التالي مؤمنًا بأن الأرض كروية. هكذا يغير الناس آراءهم.

وهذا يعني أيضًا أنه عادة ـ وليس دائمًا ـ ما تتشكل

القطعة التي تنتجها غدًا، بكل بساطة، بواسطة الأدوات التي تحملها في يديك اليوم. بهذا المعنى، فإن تاريخ الفن هو تاريخ التكنولوجيا أيضًا. أعمال الفريسكو الخاصة بإيطاليا فيما قبل عصر النهضة، ولوحات التمبرا الخاصة بالفلاندرز، واللوحات الزيتية المنفذة في الهواء الطلق في جنوب فرنسا، ولوحات الأكريليك الخاصة بنيويورك. كل تقنية تالية منحت القطعة الفنية تميزًا في اللون وتشبعه، وضربة الفرشاة والملمس، والحسية والشكلانية. خلاصة القول، بعض الأدوات تجعل بعض النتائج ممكنة.

تؤدي أدواتك ما هو أكثر من مجرد التأثير على الفن الناتج، إنها في الأساس تضع حدودًا لما يمكنك قوله من خلال قطعة فنية. وعندما تختفي أدوات وخامات معينة (بسبب أن المعرفة اللازمة لصنعها أو استخدامها غائبة)، تضيع الإمكانات الفنية كذلك. صوت آلات الباروك الموسيقية، وانطباع ماكينة طباعة الحروف، وتدرجات الطباعة البلاتينية. اعتبرْ أنها من الأنواع المهددة بالانقراض في صُنع الفن. وبالمثل، عندما تظهر أدوات جديدة، تظهر إمكانات فنية جديدة. إن مشهدًا مرسومًا من الحياة مباشرة، على سبيل المثال، يكشف عالمًا شديد الاختلاف عن مشهد مرسوم من الذاكرة. أصبح هذا واضحًا في

سبعينيات القرن التاسع عشر عندما وجد المصنعون طريقة محكمة لتعبئة الألوان الزيتية في أنابيب من صفائح معدنية قابلة للطي، وللمرة الأولى كان لدى الفنانين العاملين بهذا الوسيط خيار مغادرة المرسم والرسم بالألوان الزيتية في الميدان مباشرة. البعض فعل، والبعض لم يفعل. أولئك الذين فعلوا أصبحوا يعرفون بالانطباعيين.

المعضلة التي يواجهها كل فنان، المرة تلو الأخرى، هي متى ينبغي له الالتزام بالأدوات والخامات المألوفة، ومتى يتقدم ويتبنى تلك التي تقدم إمكانات جديدة. في المتوسط، يميل الفنان صغير السن إلى تجربة نطاق واسع ومتنوع من الأدوات والخامات، في حين يميل الفنان المخضرم إلى توظيف مجموعة صغيرة ومحددة. بمرور الوقت، عندما تصبح سلوكيات الفنان أكثر تأكيدًا، تصبح الأدوات المختارة امتدادًا لروح الفنان تقريبًا. بمرور الوقت يفسح الاستكشاف المجال للتعبير.

في كلتا الحالتين، مع ذلك، هناك دائمًا عقبة كبيرة أمام إجراء تصحيحات على أساليب عملنا، في منتصف المسار: نعلم، بالكاد، ما الأساليب نفسها. وعندما يسير العمل على نحو جيد، لماذا قد نريد أن نعرف؟ معظم الخطوات، التي تفوق الحصر، المسهمة في صُنع قطعة فنية (أو ما يساوي إنتاج عامٍ من القطع) تستمر تحت

مستوى الأفكار الواعية، لتشتبك مع معتقدات وافتراضات غير نسقية حول ماهية صُنع الفن. تظل مجهولة ومهملة مثل الخطوات التي نتخذها في تقرير ما إذا كنا سنصقل اللوحة بضربات مستقيمة أو دائرية. اسأل نفسك لماذا، على سبيل المثال، تستمع إلى الموسيقى الريفية الغربية وأنت ترسم؟ هل تشجعك على اختيار ألوان أكثر سطوعًا؟ لماذا تترك مرسمك من دون تدفئة حتى عندما يعني ذلك أن تعمل مرتديًا معطفك؟ هل لأن ذلك يجعل ضربات فرشاتك أكثر هشاشة؟ كيف تعرف متى تحتاج الورقة الرطبة إلى إضافة الألوان المائية؟ باللمس؟ بالشم؟ من طراوة الورقة؟ نادرًا ما نفكر كيف أو لماذا نفعل أشياء معينة. نكتفي بفعلها. أول ما يعنيه تغيير نمط نتيجة عملك هو تحديد أمور متعلقة بأسلوبك، تكون تلقائية كعجن الصلصال، ومتقنة كتحرير السهم من القوس.

تميل تفاصيل صُنع الفن، التي ندركها، إلى أن تكون عادات عمل عملية اكتُسبت بجهد، ووحدات معتادة من الشكل نستطيع أن نتخذها تُكأة للعمل مرارًا. (في بعض المناسبات، في الأيام الراكدة، قلت لنفسي بصوت شبه مرتفع: لو دخلت فقط إلى الاستوديو وبدأت العمل على قطعة مبللة، سيتعين عليَّ، على الأقل، أن أنتهي من شيء ما قبل أن تجف) نستخدم عادات عمل متوقعة

لتدفعنا إلى دخول الاستوديو وتورطنا مع خاماتنا، نستخدم وحدات معتادة من الشكل كنقطة بداية لصُنع قطع معينة.

بالنظر إلى عدد «المازوركات» التي كتبها شوبان، لا بد أن نظن أنه ما لبث أن صار ملحنًا أكثر سعادة بعثوره على هذا القالب الموسيقي. يسهل تخيل أنه كان بإمكانه الجلوس إلى البيانو في أي وقت ليبدأ في الانغماس في ذلك التوقيع الزمني المؤلف من ثلاثة أرباع والمؤدى عن طريق النبر بغرابة، ويبني منه، بالتدريج، قطعة صغيرة. كان ذلك القالب، بالنسبة إلى شوبان، وسيلة مُفضية إلى الاستكشاف والتنويع، كان في مقدوره أن يعيد استخدامه لسنوات. بالمثل، لا بد أنه كان أمرًا مفيدًا للباخ، أن التزم بكتابة استهلال و«فوجا» على كل مفتاح من المفاتيح الأربعة والعشرين، إذ إنه في كل مرة جلس للتأليف كان لديه، على الأقل، موضع يبدأ منه. (دعنا نرى، لم أبدأ العمل بعد في سلم فا دييز الصغير...) إن العمل ضمن نظام مفروض ذاتيًّا، لقالب معين، يقلل من احتمالية الاضطرار إلى إعادة ابتكار نفسك مع كل قطعة جديدة.

إن اكتشاف قوالب نافعة هو أمر قيِّم، بمجرد العثور عليها، لا يجب التخلي عنها لأسباب تافهة. من السهل أن نتخيل مدرس الفن، اليوم، وهو يحذر شوبان من أن موضوع المازوركا بصدد أن يصبح مكررًا بعض الشيء،

وأن العمل لا يتطور. حسنًا، صحيح، ربما لم يكن يتطور، لكن تلك ليست هي القضية. ربما كانت كتابة المازوركا مفيدة لشوبان وحده، كوسيلة للعودة إلى العمل، وموضع ليبدأ منه العمل على القطعة التالية. بالنسبة إلى معظم الفنانين، يتوقف صُنع الفن الجيد على صُنع كثير من الفن، وأي وسيلة تدفع بأول ضربة فرشاة، إلى اللوحة البيضاء التالية، تكون لها قيمة ملموسة وعملية.

وحده الصانع ـ وبمرور الوقت فقط ـ مَن يملك الفرصة لإدراك مدى أهمية التقاليد والطقوس الصغيرة في التمرس على البقاء في حالة عمل. إن التفاصيل الخاصة، في صُنع الفن، لا تثير اهتمام الجماهير نهائيًّا، ولا اهتمام المدرسين على الأغلب، ربما لأنه لا يمكن رؤيتها أبدًا، أو حتى معرفتها، من خلال فحص العمل المنتهي. ثبَّت همنجواي، على سبيل المثال، آلته الكاتبة على ارتفاع أعلى من المعتاد وأنجز كل كتاباته واقفًا. لم يكن يكتب ما لم يكن واقفًا. لا تظهر تلك العادة الغريبة في قصصه بالطبع، لكنه لو نبذ تلك العادة لما وُجدت أي قصص على الأرجح.

إن أصعب جزء في صُنع الفن هو أن تعيش حياتك بتلك الطريقة التي تجعل عملك يُنجز، المرة تلو الأخرى، وهذا يعني، ضمن أشياء أخرى، اكتشاف مجموعة من

الممارسات التي تعود بالفائدة. القطعة الفنية هي تعبير ظاهري عن حياة مورست ضمن أنماط إنتاجية. تصبح حياة الفنان المنتج، بمرور الوقت، ممتلئة بالتقاليد المفيدة والأساليب العملية، وهكذا تستمر سلسلة من القطع الفنية في الظهور على السطح. وفي اللحظات السعيدة حقًّا، تتخطى تلك المبادرات الفنية الإجراءات البسيطة، وتكتسب جمالية متأصلة تخصها وحدها. إنها مأواك وبيتك الفني، أماكن العمل التي ستربط بين الشكل والشعور. تصبح جزءًا لا يتجزأ من حياة صانعها، مثلها في ذلك مثل الألوان الداكنة والإيقاع غير المتماثل للمازوركا. إنها قوانين. تسمح بالثقة والتركيز. تسمح بعدم المعرفة. تسمح للتلقائي وغير النسقي بالبقاء على حالهما. بمجرد اكتشافك الأعمال التي يفترض أن تصنعها، فإن تفاصيل أي قطعة مفردة لا تهم كثيرًا.

الجزء الثاني

عندما يجتمع المصرفيون على العشاء، يتناقشون في الفن.
عندما يجتمع الفنانون على العشاء يتناقشون في المال.
— أوسكار وايلد

٦

نظرة على العالم الخارجي

أن ترى بعيدًا شيء، وأن تذهب إلى هناك شيء آخر.
– برانكوزي

بالنسبة إلى الفنان، تبدو جميع مشكلات الفن شخصية على نحو متفرد. حسنًا، هذا شيء مفهوم بما يكفي، علمًا بأنه ليس هناك كثير من الأنشطة الأخرى التي تضع جدارة المرء الأساسية موضع تساؤل بصورة روتينية. لكن تلك المشكلات الشخصية، فعلًا، تتعلق جميعها بصُنع الفن. بمجرد الانتهاء من صُنع الفن، تظهر مجموعة جديدة تمامًا من المشكلات، مشكلات تتطلب من الفنان إشراك العالم الخارجي، نسميها «مشكلات عادية».

المشكلات العادية

ليست المشكلات العادية، على أي حال، مشكلات تافهة. فهي تستهلك الجزء الأكبر من وقت كل فنان تقريبًا.

٩٥

توصَّل أحد الفنانين المشهورين، بعد عدة أشهر من التوثيق الدقيق، إلى نتيجة محبطة مؤداها أنه في أحسن الأحوال يستطيع تخصيص ستة أو سبعة أيام فقط، في الشهر، للرسم فعليًا، في حين تذهب الأيام المتبقية، التي تتخطى العشرين يومًا، إلى شؤون قاعة العرض، وتنظيف المرسم، وشحن الطرود واستلامها وما شابه ذلك. المغزى: بالنسبة إلى الفن، يوجد ما هو أكثر بكثير من مجرد صُنعه. في كثير من الحالات، سيصل الفن الذي تصنعه اليوم إلى جمهوره غدًا، فقط بسبب شبكة مجتمعية واسعة موجهة لتعليم الفن، وتمويله، ونقده، ومطبوعاته، ومعارضه، وعروضه الأدائية.

في حالات أخرى كثيرة، لسوء الحظ، سيصل فنك إلى العالم، فقط على الرغم من هذه الشبكة. محاولات عديدة لتقديم الفن إلى العالم الأوسع، تعطي دليلًا على عدم التوافق في مجتمعنا بين الاقتصاد والمعتقدات. يُنظر إلى الفن، في عديد من الأوساط، على أنه خطير وغير ضروري ونخبوي ومكلف، ويعتمد في بقائه على رعاية ليبرالي الساحل الشرقي. الفنانون أنفسهم ليسوا أفضل حالًا، إذ يتم تصويرهم، على نطاق واسع، بأنهم غريبو أطوارٍ مخربون، لا يكتفون بالعيش في الخطيئة، بل يفعلون ذلك من أموال ضرائبك أيضًا.

يود المؤلفان، بعد قولهما هذا، استغلال هذه العبارة في فرض حظر ذاتي للتهكم في مناقشاتهما المستقبلية، بصرف النظر عن مدى استحقاق الأوغاد له. مع الشكر.

— الإدارة

على أي حال، ليس هناك شيء غامض بخصوص سبب هذه المواقف وأثرها. تكون بعض الفنون مخربة بطبيعتها. تضع الأعمال الفنية الجيدة منظومة معتقدات المشاهد موضع تساؤل، بشكل حتمي، بتوجيه المشاهد نحو اختبار العالم من خلال إدراكات الفنان المختلفة تمامًا. هل يشكل هذا تهديدًا؟ هل البابا كاثوليكي؟ كلما كان الفن أكثر تأثيرًا، زاد احتمال أن يكون أول رد فعل للمشاهد هو الغضب والإنكار، يلي ذلك مباشرة البحث عن شخص ما يلقي عليه اللوم. ودائمًا ما يكون الفنان هو المرشح الأكثر احتمالًا في هذا الصدد. ففي آخر الأمر، لدينا تقليد عريق يقضي بقتل الرسول الذي يحمل أخبارًا سيئة.

أحد أشهر الأمثلة على قطع رأس الرسول ـ وكل شخص آخر في نطاق النظر ـ شمل المصور الفوتوغرافي

روبرت مابلثورب، الذي صنع مجموعة من الصور تضفي طابعًا رومانسيًّا واضحًا على المثلية الجنسية. كما اتضح، لم تعنِ التهديدات الشيء الكثير لمابلثورب، الذي كان يعاني بالفعل مرضًا عضالًا، حتى وهو يعد هذا العمل للعرض. بدلًا من ذلك، وُجدت نقاط الضغط في الشبكة الداعمة للفنون، خصوصًا الصندوق الوطني الأمريكي للفنون. لم يتوفر قدر كبير من الكياسة هنا: لقد تلقَّت المؤسسة تهديدًا واضحًا، بقطع التمويل إذا أقدمت على دعم الفنانين أو المتاحف التي نفذت أو عرضت أعمالًا تسيء إلى «ثوابت المجتمع».

كانت هناك احتجاجات مضادة بالطبع، وفي النهاية، عُرضت أعمال مابلثورب، لكن الرسالة الموجهة إلى مجتمع الفنون كانت واضحة: إذا أمعنت في الانحراف مبتعدًا عن الطريق القويم، فستسقط الفأس على رأسك. سَمِّها رقابة انتقائية: حرية التعبير مكفولة، مالم يُعرب عنها في عمل فني. لم يكن الجانب الأكثر إثارة للدهشة، في هذه المسرحية الأخلاقية الأمريكية، أن الحكومة قدمت مصلحتها الذاتية على المبدأ، عندما استشعرت تهديدًا، إنما كون أحد لم يستشعر أن هذا كان مقبلًا من على بُعد أميال على الطريق. تذكرة من التاريخ: لم تُموَّل الثورة الأمريكية بمِنح مواتية من التاج.

الأرضية المشتركة

غنيٌّ عن القول، أن تلك الرقابة من شأنها أن تُضعف الفنان. ليس من الواضح تمامًا، على الأقل للفنانين، أن الرقابة هي بكل معنى الكلمة، طبيعة من طبائع الأمور. تضع الطبيعة قيدًا بسيطًا على أولئك الذين يهجرون القطيع ليمضوا في طريقهم الخاص: أنهم سيؤكلون. يكون الأمر في المجتمع أكثر تعقيدًا بعض الشيء. مع ذلك، فإن التحذير قائم: تُعزى لتَجنُّب المجهول أهمية كبيرة في النجاة. يميل المجتمع والطبيعة وصُنع الفن إلى إنتاج كائنات محافظة.

تتمثل المعضلة بالنسبة إلى الفنان هنا، في أن التواصل مع الموضوع والخامات يجب أن يظل غير محافظٍ على الدوام. بصُنعك للفن، تحتكُّ بالمجهول، وتحتك معه بجنون الارتياب الملازم لأولئك الذين يخشون ما قد يجلبه التغيير. لكن بينما يُلقي الخوف، من إثارة غضب بعض أعضاء مجلس الشيوخ الجنوبيين، بظلاله على حريتك في التعبير، غالبًا ما تتمثل المشكلة الأكثر إزعاجًا في إثارة انتباه أي شخص في المقام الأول. في نهاية الأمر، لا يرى معظم الناس سببًا يدفعهم إلى التشكك في معتقداتهم، فضلًا عن محاجاة معتقداتك.

ولماذا ينبغي لهم أن يفعلوا ذلك؟ من الناحية الفنية وغيرها من النواحي، تمت ملاحظة وتعريف العالم، الذي نوجد فيه، بواسطة آخرين، تعريفًا مستفيضًا ومطولًا ومستوفيًا، وعادة ما يكون ملائمًا تمامًا. لقد استغرق الجنس البشري آلاف السنين لتطوير مجموعة ضخمة وقوية من الملاحظات عن العالم، متخذة أشكالًا متنوعة مثل اللغة والفن والدين. صمدت هذه الملاحظات بدورها أمام اختبارات عديدة للغاية. نحن في موقف الوارث لمجموعة كبيرة من المعاني التي لا تقبل الصياغة.

معظم ما نرثه ملائم بوضوح، إلى درجة يصبح معها غير مرئي. إنه يتوافق مع العالم بكل سهولة. إنه العالم. لكن على الرغم من ثرائه وتنوعه، فإن العالم المحدد بدقة الذي نرثه لا يتناسب تمامًا مع كل منَّا على حدة. يقضي أغلبنا معظم وقته في عوالم أناس آخرين، مشتغلًا في وظائف محددة سلفًا، مروحًا عن نفسه بوسائل ترفيه معدة سابقًا. وبصرف النظر عن مدى صحة هذا العالم سابق التجهيز، ستوجد دائمًا أوقات نشعر فيها بأن هناك شيئًا ما مفقودًا أو ليس له صدى حقيقي. وهكذا تصنع مكانك في العالم بأن تصنع جزءًا منه، بأن تسهم بجزء جديد في المجموعة. وبالتأكيد، فإن واحدة من أكثر المكافآت المدهشة في صُنع الفن تأتي عندما يخصص الناس وقتًا لزيارة العالم الذي

صنعته. والبعض، في الواقع، قد يشتري قطعة من عالمك ليعود بها ويتبناها كقطعة تخصه. كل قطعة جديدة من فنك تزيد واقعنا اتساعًا. العالم لم يكتمل بعد.

قضايا الفن

يبدو من الأمور الجيدة، على نحو كافٍ، أن نلاحظ هنا أن الحصول على شهادة في الفن ــ أو حتى معرفة بالفن الحديث ــ ينبغي ألا يكون شرطًا مسبقًا لصُنع الفن. في النهاية، ظهر الفن قبل وقت طويل من أقسام الفن، وقبل أن يبدأ أي شخص في تصنيف أعمال الفنانين أو اقتنائها. ومع ذلك، يتلقى معظم الفنانين، اليوم، تدريبًا رسميًّا في الفن، ويكونون على اطلاع باتجاهات عالم الفن الحالية، ولديهم بعض الاعتماد، على الأقل، على قاعات العرض أو الأوساط الأكاديمية في شؤون معيشتهم.

هذا أمر مفهوم (إن لم يكن صحيًّا تمامًا) نظرًا إلى أن كل حلقة في شبكة الفن لها مصلحة راسخة في تحديد دورها بوصفه أساسيًّا وضروريًّا. إحدى المشكلات العادية التي يواجهها الفنان هي العثور على طريقة لإقرار السلام مع شبكة الفنون والقضايا التي تشغلها. ليس من الضروري أن تنضم إليها، ضع في اعتبارك فقط أن تقيم سلامًا معها. تحتاج إلى هذا، على الأقل، إذا أردت أن

تضمن احتمال عرض أعمالك، أو طباعتها، أو أدائها، على أي مدى زمني معقول.

إذا كانت الحاجة إلى العرض قوية بما يكفي، فهذا لا يمثل مشكلة. لكن الانزعاج الذي يشعر به عديد من الفنانين، اليوم، ينم عن عدم التوافق بين الأعمال النابعة من قلوبهم واهتمامات القيمين والناشرين والمروجين البعيدة عن العاطفة. من الصعب المبالغة في حجم هذه المشكلة. إن العثور على مكانك في عالم الفن ليس بالأمر السهل، هذا، إن كان هناك بالفعل مكان لك من الأساس. في الواقع، أحد الأشياء القليلة المؤكدة في مشهد الفن المعاصر، أن شخصًا آخر غيرك يحدد أي فن، وأي فنان ينتمي إلى المشهد. لقد كان قرنًا صعبًا للتواضع والحرفية والعطف.

المنافسة

المنافسة هي أمر لا يمكن إنكاره. هي شيء أساسي فينا. شيء كيميائي. يعتمد الرياضيون الجيدون على تلك الدفقة من الطاقة التي تظهر عند اللحظة التي يعرفون فيها أن بإمكانهم تجاوز العداء الذي أمامهم مباشرة. يتألق الفنانون الجيدون مع المواعيد النهائية للعرض والنشر، والعمل لمدة عشرين ساعة متواصلة

لرؤية الأواني مزججة ومحروقة كما ينبغي، وجعل عملهم التالي أفضل من السابق. توفر الرغبة في المنافسة مصدرًا للطاقة الخام، ولهذا السبب وحده يمكن أن تكون مفيدة بصورة استثنائية. في بيئة فنية صحية، توجه تلك الطاقة إلى الداخل لتستوفي قدرات الفنان. في بيئة فنية صحية، لا يخوض الفنانون منافسة، بعضهم مع بعض.

لسوء الحظ، تشبه البيئات الفنية الصحية، في انتشارها، الكائنات أحادية القرن. نحن نعيش في مجتمع يشجع المنافسة على مستويات واضحة الضرر، ويضع معيارًا صارمًا ومعتمدًا لاختيار الفائز. من السهل تقييم الفنانين على أساس التقدير الذي تلقوه، الذي يمكن مقارنته بسهولة، أكثر من تقييمهم على أساس القطع التي صنعوها، والتي قد تكون مختلفة كاختلاف الدبكة عن الفالس. وعندما يحدث ذلك، لا تتركز المنافسة على صُنع الأعمال، بل على جمع رموز القبول والتصديق على تلك الأعمال. مِنح الصندوق الوطني الأمريكي للفنون، وعرض في جاليري دي جور، وملف تعريف المشاهير في «النيويوركر»، وما شابه.

تنزلق هذه المنافسة، في حدها الأقصى، إلى مقارنة ليس لها داعٍ، وغالبًا ما تكون مدمرة للذات، تنعقد مع

حظوظ الآخرين. كان و. ك. فيلدز يستشيط غضبًا لمجرد ذكر اسم شارلي شابلن. عانى ميلتون اكتئابًا دائمًا بسبب مقارنة نفسه بشكسبير على نحو متواصل. كان سوليري يزداد جنونًا في كل مرة يقارن بين موسيقاه وموسيقى موتسارت، ومَن منَّا قد يرحب بهذه المقارنة؟ إن الخوف من عدم حصولك على التقدير الذي تستحقه يؤدي بك إلى الغضب والمرارة. الخوف من أنك لست جيدًا مثل أحد زملائك الفنانين يؤدي بك إلى الاكتئاب.

من المسلَّم به أن قليلًا منَّا مَن يسمو فوق الشعور بوخزة ألم لحظية حينما يفوز شخص آخر بالزمالة التي سعينا إليها، أو فورة الانتصار المكتومة عندما نحصل على الجائزة نفسها. باح كينجسلي أميس أنه عندما كان يبدأ في كتابة رواية جديدة، يكون جزء من تحفيزه: «هذه المرة، سأريهم!». لكن التذمر التنافسي العرضي هو خطوة صحية، بعيدًا عن مساواة النجاح بالوقوف على أجساد نظرائك. ليس من شك في صعوبة ادعاء النصر عندما يكون منافسوك الافتراضيون غير مدركين لوجودك. قد يكون بعضهم، في آخر الأمر، ميتًا بالفعل منذ قرن مضى. من المنطقي تمامًا ألا يفوزوا، بينما ستخسر أنت، إن عاجلًا وإن آجلًا. تكون الهزيمة أمرًا حتميًا في بعض أشكال المقارنة.

بصرف النظر عن المعيار المستخدم، يشترك جميع المتنافسين في صفة كاشفة واحدة، أنهم يعلمون تصنيفهم بين الجماعة. يتحقق المنافسون الطامحون من تصنيفهم باستمرار. يطابق المنافسون المهووسون ببساطة بين التصنيف والذات، سياسة مجازفة، لكنها تنجح (عندما تنجح فعليًّا) يحدث ذلك باستغلال مصدر للطاقة يجعلهم يعملون بجد أكبر على فنهم، ودائمًا ما يجعلهم مهنيين جيدين. عندما يتوقف الإحساس بالذات على التصنيف الذي يمنحه العالم الخارجي، يكون الحافز على إنتاج الأعمال، التي تجلب تصنيفًا مرتفعًا، في أقصى حالاته. إذا لم تعرف كيف تخبر نفسك بأن أعمالك على ما يرام، فقد تقودك إلى المقدمة محاولة جعل باقي العالم يخبرك بذلك.

هذا نهج صائب تمامًا من الناحية النظرية، يتمثل الجزء المراوغ في العثور على المعيار الصحيح لقياس إنجازاتك. الأمر الذي يجعل من المنافسة في الفنون أمرًا مراوغًا هو أنه، ببساطة، نادرًا ما يكون هناك إجماع على أي من أعمالك هو أفضلها. إضافة إلى ذلك، ليس ما يهم في كل قطعة جديدة ما إذا كانت أفضل أو أسوأ مما سبق لك تقديمه، إنما الطرق التي تكون بها متشابهة أو مختلفة. المقارنة ذات المغزى بين فوجتين لباخ

ليست في التصنيف الذي تحتلانه، إنما في الكيفية التي تعملان بها.

عندما تسير الأمور معك على ما يرام، حقًّا، في صُنع الفن، يكون لكل القطع التي تصنعها حياة، بصرف النظر عن كيفية تمايزها كتفضيلات شخصية. في النهاية، جميعهم أبناؤك. يمكن حتى القول إنه يتعين عليك استكشاف التنويعات الممكنة، علمًا بأن سؤالًا فنيًّا واحدًا يمكنه أن ينتج إجابات صحيحة متعددة. تشجعك الأوقات المنتجة على بناء مجموعة واسعة من الأعمال، إذ تتهيأ الفرصة لكل قطعة كي تلعب دورًا، حتى الرسومات التجريبية المعيبة التي لن ترى جدار قاعة العرض أبدًا. في الأوقات الصحية، نادرًا ما تتوقف لتميز بين الدافع الداخلي، وحس الحرفة، وضغط موعد نهائي أو جاذبية فكرة جديدة. جميعها تعمل كمصادر للطاقة في القطعة التي تصنعها.

السير عبر النظام

اتضح أن الفنانين هم زمرة ماكرة وبارعة، على نحو مدهش، في جعل النظام يدفع فاتورة السماح لهم بفعل ما أرادوا بالضبط، بأي طريقة كانت. اضطلع ميكلانجلو برسم سقف السيستينا كابلا بتكليف من الكنيسة. اضطلع

أنسل آدمز بتصوير شروق القمر فوق هرنانديز في مهمة مسندة إليه من وزارة الداخلية. قدمت «إيمز للأثاث»، وكذلك «أفيدون للأزياء»، الدليل على أن الفن بوسعه أن يسود حتى في أقصى مجالات الاقتصاد والرفاهية. في الواقع، يمكن أن يُثار جدل قوي إلى حد الإرباك، حول افتراض أن عديدًا من الأعمال الفنية، خصوصًا الأعمال ذات الحجم الكبير، مثل البارثينون أو النصب التذكاري لحرب فيتنام، كان لديها مشترٍ جاهز قبل أن يبدأ العمل فيها.

تكمن المشكلة في الحيلولة دون أن يتلوث العمل التالي بواسطة فعاليات السيطرة المماثلة، إذ إن الفن عن طريق التكليف له طريقته في الانزلاق ببطء، وعلى نحو غير محسوس، نحو الفن التجاري. هذا أمر مقلق، خصوصًا للقوالب الفنية التي يتوفر لها تطبيقات تجارية واسعة الانتشار، وإنفاق مرتفع. يتمثل التحدي، في مثل هذه الظروف، في إقناع رب العمل بأنك الوحيد الذي يعرف الطريقة الصحيحة لصُنع القطعة الفنية.

بالنسبة إلى بعض الفنانين، هي مسألة توفيق، أو ربما موازنة. في موسم أعياد الميلاد، تقدم فرق الباليه، حتى الفرق الرئيسية منها، عددًا هائلًا من عروض «كسارة البندق»؛ الباليه الوحيد الذي يحقق مبيعات تذاكر تكفي لأن

تجتاز بهم ما تبقى من الموسم. بالمثل، يعلم فنانو الطباعة في وقت مبكر، ومن دون أن يغيروا محتوى أعمالهم، أيًّا من الصور يُحتمل أن تغطي نفقة تشغيل طبعة كبيرة.

لكن بالنسبة إلى عديد من الفنانين الآخرين، اتضح أن شبكة الفنون هي كارثة محققة. في بعض الأحيان يكون كل ما في الأمر أن أنماط التفكير الحرة التي تؤدي إلى صُنع الفن لا تؤدي بالسلاسة نفسها إلى سجل محاسبي إيجابي. في كثير من الأحيان، مع ذلك، يثبت الفنانون الذين يتبعون بجدية نظامًا فرضوه على أنفسهم، مثل كتابة الشعر على التفعيلة الخماسية أو التأليف للبيانو المنفرد، أنهم غير مؤهلين، على نحو فريد، للتعامل مع القيود التي يفرضها آخرون. ذات مرة، أقنع أصدقاء إدوارد وستون، ذوو النيات الحسنة، شركة قهوة بأن تكلف ذلك الفنان بالتقاط صور طبيعة صامتة يمكن أن تستخدم في الدعاية المنشورة بالمجلات. كان الشرط الوحيد أن يظهر مُنتج الشركة في موضع ما من تنسيق الصور. مع ذلك، فإن وستون، صاحب البراعة الأسطورية في تصوير العناصر الصغيرة، أُصيب بالارتباك التام من جراء اضطراره إلى أن يجعل أحد تلك العناصر الصغيرة علبة قهوة.

من الناحية المثالية، من وجهة نظر الفنانين على الأقل، توجد شبكة الفنون لتتولى أمر كل تلك التفاصيل غير

المركزية في عملية صُنع الفن. هذا اتجاه صحي للرعاية، إذ إن بعض القوالب الفنية، مثل السينما والأدب، ليس بوسعها، أبدًا، أن تحقق النقلة، من الفكرة إلى الحقيقة، من دون استثمار كبير من الخارج، بأي حال من الأحوال. يرسل الكُتَّاب المخطوطات بالبريد، بصورة روتينية، ويتركون كل ما يلي ذلك تقريبًا في أيدي الناشرين: التصحيح، والتصميم، والطباعة، والتوزيع، والترويج. يجعل بعض الفنانين تفاصيل سير العمل جزءًا مهمًّا من عملهم. تُعد «تغليفات» كريستو المختلفة شكلًا من أشكال الفنون الأدائية يشهده عدد قليل نسبيًا من الناس. لكن تسجيل العرض الأدائي أصبح قطعة فنية في حد ذاته، يُعرض في المتاحف مصحوبًا بالخرائط، والرسوم الإرشادية، والمراسلات مع مجالس المناطق، وما إلى ذلك. إذا ما زالت كل هذه الأدلة تفشل في إثارة إعجابك بما بلغته شبكة الفنون اليوم، فكر في المآل الطبيعي للأمور: بمجرد موتك، تتولى هذه الشبكة شأن جميع أعمالك الفنية.

لكن، إذا كان الفنان يقف، كنوع مهدَّد بالانقراض، في مواجهة الاقتصاد والتسويق المعاصرين، فنحن بصدد سؤال محير: لماذا تظهر، على نحو متوقع، مع كل جيل جديد، أسطورة الفنان المستقل، الشخص المنعزل الذي يتبع قلبه؟ واحدة من الإجابات الممكنة يوحي بها النظر إلى

الأشياء التي جعلت الفن جديرًا بالممارسة في الماضي. الأعمال التي تحركها قضايا تنشأ من العلاقة بين الفنان والعمل، أو الفنان والخامات، أو الفنان والموضوع الذي يشغله، تترك انطباعًا صادقًا. يبدو أن مثل هذه الأعمال، بصرف النظر عن مدى توافقها مع المواقف المعاصرة لها، تبقى ذات مغزى على مر الزمن.

إجابة أخرى، أقل تأكيدًا، تضرب في عمق منابع الفن: المنفعة والطقس. في الأزمنة المبكرة للغاية، وفر هذان الاحتياجان الأساسيان المكانة الثقافية للفن، في حين كان التعبير عن الذات ـ ولو لم يكن معروفًا بهذا الوصف ـ يعمل على دمج الخبرة والمهارة الشخصيتين مع هذين الهدفين الأكبرين. لكن الطقس، الذي اتخذ هيئة بيسون مصور على جدار كهف وبلغ أقصى ازدهار له في زمن الأديان الكبرى، انحسر متحولًا إلى تقليعة وزخرفة علمانيتين. والمنفعة، التي منح الفنان الأول، في خدمتها، شكلًا لكل شيء بدءًا من رؤوس الأسهم المصنوعة من حجر السَّبَج انتهاءً بالفخار المصنوع من الطين المحروق، خضعت للإنتاج المعقد والغزير. في زمننا، ظلت المكانة الثقافية للفن غير مستوفاة، في حين أصبح التعبير عن الذات غاية في حد ذاته. قد لا يكون ذلك أكثر المواقف صحة، لكن مجددًا، لم يقل أحد إننا نعيش في أكثر الأزمنة صحة أيضًا.

العالم الأكاديمي

عندما كانت ابنتي في السابعة من عمرها تقريبًا، سألتني ذات يوم عما أفعله في العمل. أخبرتها بأنني أعمل في الكلية، وأن وظيفتي هي تعليم الناس كيف يرسمون.

حدقت إليَّ مرة أخرى، بارتياب، وقالت: «هل تقصد أنهم ينسون؟».

– هوارد إيكموتو

يود المؤلفان أن يفتتحا هذه المناقشة بافتراض أساسي، ألا وهو، أن برامج الفن في الجامعة تعمل بالفعل على خدمة غاية مفيدة ما. من المُسلَّم به أنها ليست غاية كبيرة، وعمومًا، ليست الغاية التي تعلن عنها، لكنها غاية ما. الآن، قد لا يكون ذلك تأييدًا صارخًا بالضبط، لكن تذكر، نحن نتحدث هنا عن مجال يصف خريجوه البارزون أنفسهم بأنهم ناجون من تعليمهم الرسمي.

في الواقع، قد تبدو فكرة العمل في نظام تعليم

الفن ـ سواء كطالب، أو عضو في هيئة التدريس ـ جذابة مثل الوقوف تحت رذاذ منتظم من النقد العنيف والساخر. معظم التعليم، عند النظر إليه من الخارج، يعطي الانطباع التام أنه ليس فقط مدمرًا للفردية، بل منقطع الصلة بالامتداد الكبير للتاريخ كذلك. تكثر قصص الرعب. لقد تأذينا جميعًا عاطفيًا على يد نسخة ما من معلم الصف الثالث الذي أخبر أطفالًا معينين بأنهم يغنون غناءً سيئًا للغاية، وأنه ليس عليهم سوى أن يحركوا شفاههم بكلمات أغاني عرض عيد الميلاد من دون أن يصدروا صوتًا. أو معلم تاريخ الفن الذي نبذ موسيقى الروك آند رول أو صناعة الأفلام بصفعة من ظهر يده تمثلت في عبارة واحدة: «إنه ليس فنًّا».

لكن عند النظر من الداخل، بواسطة أولئك الذين يشتبكون مع قضايا التعليم يوميًا، تصبح الأمور، بطبيعة الحال، أكثر تعقيدًا. وشخصية. المعضلة التي تواجه الأوساط الأكاديمية أنها يجب أن تستوعب، ليس فقط الطلاب الذين يجتهدون كي يصبحوا فنانين، وإنما أيضًا المعلمين الذين يناضلون كي يبقوا فنانين.

مشكلات عضو هيئة التدريس

من المفارقات، أن الفنان الذي يعمل بالتدريس غالبًا ما يُحكم عليه بالفشل قبل أن تطأ قدماه قاعة الدرس.

تنحرف تقييمات القدرة التدريسية عن الصواب، حتى في أثناء الإجراء الأوَّلي للاختيار من بين المتقدمين لشغل الوظيفة. تتيح نماذج الطلبات النموذجية الشيء القليل للحكم على جودة تدريس المتقدم، لكنها عادة ما تطلب قدرًا تعسفيًّا من الشيء نفسه. هذا يجعل حديثي التخرج، من الحاصلين على شهادة الفنون الجميلة، وقود المعركة الدائم لسوق العمل في الكلية، إذ يتم الاستغناء عنهم، حتى قبل أن يتقلدوا أول مناصبهم. علاوة على ذلك، فإن النظام الذي يتجاهل إمكانات المستجد، غالبًا ما يكون هو نفسه الذي ينتقص من إنجازات المخضرم. يستحضر المؤلف إحدى المناسبات التي عمل خلالها في لجنة الفحص في الجامعة عندما كانت تفاضل بين طلبين، يتضمن أحدهما ثلاث سنوات من التدريس لحساب البرنامج الصيفي لإدارة المتنزهات والترفيه المحلية، ويرد في الآخر فترة مساوية من تدريس الفن في جامعة هارفارد. كنا مضطرين، بموجب إرشادات التوظيف الخاصة بالولاية، إلى أن نمنح السجلين تصنيفًا متساويًا، بمجرد استيفاء شرط «ثلاث سنوات خبرة في التدريس»، كان التمييز على أساس الجودة بالتحديد محظورًا.

عندما تُختزل القدرة التدريسية في إحصائية، تُصبح القدرة الفنية مثمنة، على نحو مفاجئ بعض الشيء.

(بالمناسبة، نادرًا ما تواجه الجامعات صعوبة في اجتذاب الفنانين الجيدين، يتمتع الفن بالميزة المريبة أنه إحدى المهن التي عادة ما يمكنك أن تتربح من تدريسها أكثر من ممارستها.) غالبًا ما يعتمد الاختيار النهائي على رسوخ مكانة الشخص في عالم الفن: سجل مثير للإعجاب في العرض والنشر، ومراجعات نقدية قوية، واعتراف الزملاء، ومِنح أو زمالات شرفية، والمشاركة في مجتمع الفنون على مدى زمني طويل. كل هذه الأمور تساعد. يمثل هذا معيارًا جيدًا، في العوالم التي تتمتع بأكثر الصفات مثالية، أما في عالم الأكاديمية، فإنها تمهد للكارثة. قد يبرع التعليم العالي في اجتذاب فنان من الطراز الأول، لكنه نادرًا ما يكون قادرًا على دعمه.

عند النظر إلى المشهد بحيادية، أي على المستوى الهيكلي البحت، ترتبط النقطة الحاسمة الأولى، ببساطة، بتحديد الأولويات. في آخر الأمر، من الصعب أن نتخيل تقديم احتراف التدريس بدوام كامل على احتراف صُنع الفن بدوام كامل، من دون أن يختل شيء ما نتيجة ذلك. كما يُحذر المثل القديم: إذا طاردت أرنبين، فلن تمسك بأي منهما.

عادة، يختفي أرنب صُنع الفن أولًا. إذا كنت تعمل بالتدريس، فأنت تعرف، بالفعل، الوجه الذي تسير عليه

الأمور. بحلول نهاية الأسبوع الدراسي، لا يتبقى لك سوى قليل من الطاقة لممارسة أي نشاط يتعلق بصُنع الفن، ويكون على قدر من الأهمية أكبر من عجن الصلصال أو تنظيف الفُرش. بحلول نهاية الفصل الدراسي، من المحتمل أن يكون الاهتمام بالأعمال الفنية غير المنتهية ـ والعلاقات المتوترة ـ مُقدمًا على صُنع أي فن جديد على الإطلاق. الخطر المحقق، والأمثلة على ذلك عديدة، أن الفنان الذي يُدرِّس سوف يتضاءل، في النهاية، إلى شيء أقل من ذلك بكثير: مدرس سبق له أن صنع فنًّا. تتحول العروض الفردية إلى ذكريات، تدور الأعمال القديمة في فلك عروض جماعية روتينية، وأخيرًا، تخمد الأشياء تمامًا. مثل عملية إعادة تدوير منحرفة في رواية خيال علمي، النظام الذي ينتج فنانين جددًا، هو نفسه الذي يُنتج فنانين سابقين.

غنيٌّ عن القول، أن هذا السيناريو محبط إلى حد بعيد. ومع ذلك، فهو ليس مطلقًا ولا حتميًا. قد تسأل نفسك، بهذا الخصوص، أولًا: ما العيب في إنتاج فن أقل؟ في النهاية، أطفالك يهمون، ووظيفتك تخدم بالفعل غاية مفيدة، وذلك يستحق وقتك وطاقتك. وبخلاف ذلك، توجد استراتيجيات ـ استراتيجيات فنية، إذا صح التعبير ـ تسمح، بل وتعزز، من قدرتك على صُنع فن جديد

في أثناء عملك في محيط أكاديمي. تعتمد معظم هذه الاستراتيجيات، بطريقة أو بأخرى، على إجماع الفنانين، اعتمادًا كبيرًا، على أن الميزة الوحيدة في التدريس، التي تكافئهم، هي التدريس.

إذا كنت تُدرِّس، فأنت تعلم أنك تجني من وراء التبادل القدر نفسه من الفائدة الذي يجنيه طلابك. في النهاية، يمنحك المرسم الدراسي منتدى، تكون الأفكار هي العملة المتداولة فيه. يتيح لك ذلك أن تستمد الطاقة من عقول شابة تزخر بالإمكانات. يجعلك تلعب دورًا في تشكيل الجيل الفني التالي. يبقيك على قيد الحياة. التدريس هو جزء من العملية التي تجعلك فنانًا.

الفكرة هنا أن أعظم هدية يتعين عليك تقديمها إلى طلابك هي أن تضرب لهم مثلًا بحياتك كفنان ممارس. رويت قصة عن الفيلسوف جورج سانتايانا، أنه بينما كان يُدرس في هارفارد اقترب منه طالب وسأله عن المناهج التي سيدرسها في الفصل الدراسي التالي. أجابه سانتايانا: «سانتايانا ١، وسانتايانا ٢، وحلقة بحث عن سانتايانا ٣».

كل ما في الأمر، أن حياتك هي مثال عملي على كون المرء فنانًا، شاهدًا وسِجلًّا للطريقة التي يحيط بها كل من الزمن والظروف، والأحداث والمشاعر، والإقدام والخوف، بصُنع الفن. تقدم تجاربك تأكيدًا للفنانين

الأصغر سنًّا على أن المسار الذي اختاروه يؤدي إلى مكان ما، وأنكم جميعًا رفاق طريق، لا يفصل بينكم سوى الوقت الذي أمضيته، بالفعل، على الطريق. ما يقدمه المعلمون إلى طلابهم هو شيء أشبه بقابلية التأثر الموجودة في أي علاقة شخصية، نوع من الحميمية الفنية والثقافية التي تجعل الآخرين يبصرون الكيفية التي وصلوا بها إلى نقطة معينة، وليس مجرد أنهم وصلوا إليها. هو ذلك الاستعداد للكشف عن الخيط الذي يمتد بين حياتهم وفنهم، ويضفي معنى على التقنيات، وقوة على الأهداف الفنية، التي لا تزال على بُعد سنوات من الطلاب. التعلم هو مكافأة طبيعية للاجتماع بأفكار استثنائية وأناس استثنائيين.

كي تشارك هذا كمعلم، فإن وظيفتك قبل كل شيء هي الحفاظ على استقلاليتك، بوصفك فنانًا ومعلمًا. مع ذلك، فإن الحفاظ على تلك الاستقلالية ليس بالأمر الهين. في بعض الأحيان تكون العوائق، التي تحول دون الاستمرار في صُنع الفن، مرتبطة ارتباطًا وثيقًا بالسياسات الأكاديمية. على سبيل المثال، ينص القانون في كاليفورنيا على أن المدرسين المتفرغين، في كليات الولاية، يحضرون في الحرم الجامعي كل يوم من أيام الأسبوع، حتى عندما لا تكون لديهم فصول دراسية. مع كل يوم مجزأ على نحو يدعو إلى اليأس، تذهب

المساحات الزمنية الكبيرة اللازمة لعديد من عمليات صُنع الفن إلى غير رجعة. وفوق ذلك، يجب في أغلب الأحيان تدعيم الوقت اللازم للتدريس وصُنع الفن في مواجهة التآكل الناتج عن سيل الأعمال الإدارية المستمر. يتفاوت حجم المشكلة تفاوتًا كبيرًا، أتذكر أنه في جامعة أوريجون، كانت اجتماعات قسم الفن ومذكراته تستنزف، بصورة روتينية، عشرين ساعة في الأسبوع من وقت كان ليعود بالفائدة لو صُرف في غير ذلك. أذكر أيضًا، بمزيد من الإعزاز، أنه طوال عام كامل في جامعة ستانفورد، دعا قسم الفن إلى عقد اجتماع واحد بالضبط، ثم ألغاه لعدم اكتمال النصاب!

ليس أمرًا ممتعًا أن تخوض حربًا على جبهتين، لكن عليك، بطريقة أو بأخرى، أن تدخر وقتًا لصُنع الفن، ولمشاركة عملية صُنع الفن تلك مع طلابك. غالبًا ما تكون أفضل استراتيجية، لتخصيص الوقت المطلوب، هي أن تتجنب جميع الأنشطة التي لا تؤدي إلى ذلك، كما لو كنت تتجنب الطاعون. ضرب جاك ولبوت، الفنان والمدرس الذي أدار برنامج التصوير الفوتوغرافي في جامعة سان فرانسيسكو، مثالًا يُحتذى في هذا النهج. عندما سُئل عن الكيفية التي تمكن بها من التدريس بفاعلية وإنتاج الفن بغزارة في مواجهة واجبات أعضاء هيئة التدريس

المتفرغين، قال ولبوت: «بدأت، منذ يوم تعييني، في اكتساب صيت داخل قسم الفن بأني، نوعًا ما، شخص لا يُركن إليه. اكتشفت بعد عام، أو نحو ذلك، من إغفال مهامي في اللجنة، ونسيان الرد على المذكرات، وتفويت اجتماعات القسم، حسنًا، أنهم توقفوا، بعد حين، عن مطالبتي بفعل تلك الأمور كلها».

مشكلات الطالب

تنطوي المثالية على معدل ضحايا مرتفع. من المحتمل، من الناحية الإحصائية، أنك إذا كنت فنانًا، أن تكون طالبًا أيضًا. هذا ينبئ بشيء مشجع للغاية بخصوص الرغبة في تعلم الفن، وشيء منذر بالسوء بخصوص معدل استنزاف أولئك الذين يحاولون. في النهاية. يترتب على ذلك نتيجة قاتلة: يتوقف معظم الناس عن صُنع الفن عندما لا يعودون طلابًا.

بالنظر إلى تلك الحقيقة المؤلمة، إلى حد ما، فإن افتراضنا الأوَّلي، أن تعليم الفن يخدم غاية نافعة، يثير موجة من الأسئلة المتعلقة بالطالب، مثل: ما هذه الغاية على وجه التحديد؟ لماذا ندرس الفن في بيئة أكاديمية على أي حال؟ أو في هذا الصدد، ماذا تعني من الأساس «دراسة الفن»؟ هل أنت هناك لتتفكر في

الحقائق الكونية، أم لتستكشف آفاقًا فنية جديدة، أم لتراكم الشهرة والثروة؟

هذا السجال، الهادف إلى تحديد أفضل إطار عمل لمساعدة الفنانين على التعلم، مستمر منذ قرنين على الأقل، والمفاجأة أن هناك احتمالًا ألا نحل المشكلة، على نحو مفاجئ، في العبارات القليلة المقبلة. يمكنك أن تحشد الحجج الوجيهة، والأمثلة الناجحة، والخريجين البارزين ـ والمبدلين آراءهم تبديلًا لا يُطاق ـ لتنحاز إلى أي مسار من مجموعة كاملة من المسارات المتاحة. تتراوح خياراتك، على نحو مثالي، بين الكليات، ومدارس الفن، وورش العمل، ومراكز التدريب الفني، والجولات الدراسية، والتعليم الذاتي وغير ذلك. من واقع التجريب، تنقسم الخيارات إلى مجالين، الجامعة وكل شيء آخر.

إنها مسألة هيكلة، إلى حد كبير. تكمن قوة الجامعة في حقيقة أنك تستطيع دراسة الفن والفيزياء وعلم الإنسان وعلم النفس والأدب في آنٍ واحد. القوة الأساسية لـ«كل شيء آخر» ـ مركز التدريب الفني، على سبيل المثال ـ أنك تستطيع أن تكرس طاقتك للفن وحده طوال الوقت. ليس بالمستغرَب أن يحمل كل نهج أوجه قصوره في داخله. قد تكون الجامعة كبيرة وليس لها الطابع

الشخصي إلى درجة لا تمكنها من رعاية فنان شاب، خلال فترات طويلة من الشك في النفس قبل أن تترسخ الحرفة والرؤية. بالإضافة إلى ذلك، فإن عديدًا من مقررات الفن في الجامعة اختيارية، يقلل من تكثيفها، والتركيز فيها، الطلاب من التخصصات الأخرى، الذين لا يعيرون المادة أي جهد. لو صُمم منهج حساب التفاضل والتكامل باعتباره مقررًا اختياريًا «ممتعًا» لتخصصات الفن، فسيشعر المتخصصون في الرياضيات، بلا شك، أن دراساتهم قد تراجعت بالمثل! على العكس من ذلك، قد تركز ورشة عمل، أو معهد موسيقي صغير، تركيزًا شديدًا على الفن بحيث تفقد اتصالك بعوالم أوسع تحتاج إلى استكشافها. وعلى أي حال، فإن البنية التي تجعل معظم التعليم الفني ينجح ـ كبيئة حاضنة وداعمة لصُنع الفن، وحافز على الانفصال، لبعض الوقت، عن الحلقة المفرغة اليومية لإدرار الدخل ـ تختفي فورًا بمجرد خروجك من المدرسة. الحقيقة المحبِطة، أن بقية العالم لا يكترث بما إذا كنت تصنع فنًّا، ولا بشرائه إذا كنت تصنعه. بالنسبة إلى معظم الناس، قد يكون الفن مقبولًا كحرفة، ولكن بالتأكيد ليس كعمل يُرتزق منه. أو كما أشار أحد طلاب المؤلفين بمرارة: «تأتي معظم الحرف براتب». بعبارة أبسط، لا يُعد صُنع الفن عملًا حقيقيًّا.

أما بعد، فلطالما كان دور الجامعة هو توفير التعليم الذي يقف على بُعد خطوة صغيرة، لكن ملحوظة، من توفير التدريب. يؤهلك التدريب للوظيفة، ويؤهلك التعليم للحياة. لكن إذا كانت الجامعة ترسي الأساس لإنجازات ثرية ومتعددة المجالات على المدى البعيد، فقد عُرف عنها أنها تتيح قليلًا من المهارات القابلة للتوظيف على المدى القريب. يروي الناقد الفني آ. د. كولمان قصة مدرس الفن الجامعي الذي كثيرًا ما سأله الآباء القلقون عما إذا كانت هناك وظائف تنتظر أبناءهم بعد التخرج. دائمًا ما كان الأستاذ يجيب: «ليس نتيجةً مباشرة لأي شيء سيتعلمونه مني!». نادرًا ما يكون هذا الأسلوب مطمئنًا، مهما كان مدى صدقه: فالعديد من الطلاب يرون أن التخرج هو بمثابة دفعهم، إلى الأبد، في هاوية متسعة نوعًا ما، من دون أن يُجهَّزوا.

إن هذا الاحتمال مروع بما يكفي لجعل عديد من الفنانين ينسحبون قبل أن يتمموا دراساتهم، يتخرج آخرون، لكنهم من جهة أخرى، لا يجدون طريقًا لمواصلة صُنع الفن فيما بعد، تحت ضغط الظروف الاقتصادية. مع ذلك، يطيل آخرون أمد انتظار النهاية من خلال الالتحاق ببرامج الدراسات العليا. إن التوجه السابق، مضافًا إلى ما يزيد على خمس عشرة سنة من التعليم

المكتمل بالفعل، غير ضروري في أفضل الأحوال، وغالبًا ما يكون، في الحقيقة، ضارًّا بقدرة الطالب على صُنع الفن. (يشير جري أولسمان إلى الحصول على الفن من طلاب الدراسات العليا بوصفه عملية «إعادة تأهيل المبالغين في التعلم!»).

إن هذا السيناريو بأكمله هو مأساة قلما يتناولها الأكاديميون، وحتى في هذه الحالة، نادرًا ما يُعترف بها بوصفها فشلًا للنظام. بدلًا من ذلك، يتحسر النظام على فشل الطلاب، ناظرًا بعين الأستاذية الآمنة المتعالية. قيل لي إن المعالجين الضعفاء ينحون باللائمة على مرضاهم.

في مواجهة مثل هذه الاحتمالات الضعيفة للبقاء الفني، والاحتمالات الأضعف للنجاح، ينزح طلاب المراتب العليا، بالجموع، في اتجاه الوظيفة الوحيدة للفنانين التي تحظى بالمصداقية لدى المجتمع: التدريس. هذا مسار محفوف بالمخاطر. يوجد عديد من الأسباب الوجيهة وراء الرغبة في التدريس، لكن ليس من بينها تفادي المجهول. إن الأمان الذي يوفره الراتب الشهري يتوافق، على نحو سيئ، مع المخاطرة التي يجلبها تلمس الطريق الفني.

الحقيقة المحبطة أن شهادات الفنون الجميلة وُجدت، على الأغلب، لتوفر ـ ومن ثَمَّ تلبي ـ شرطًا أساسيًّا

للحصول على وظائف التدريس. أضفى هذا على النظام بأكمله، في واقع الأمر، تصميمًا هرميًّا: ينجح فقط ما دام هناك عشرة وافدين من الطلاب الجدد مقابل كل متخرج حاصل على شهادة الفنون الجميلة. خيرًا كان أم شرًّا، بدأ هذا الهرم في الانهيار منذ سنوات. اليوم، يُعد تعليم الفن عالمًا مستقرًّا، لا يتصدى، فعليًّا، لخلق أي فرص عمل جديدة على الإطلاق. من المحتمل، من الوجهة الإحصائية، أنك إذا درَست الفن بهدف تدريسه، فسينتهي بك الأمر إلى العمل بالمبيعات. أنت تدرس صُنع الفن كي تكون مُلمًّا به.

الكتب عن الفن

الكتب التي تتناول الفن، بما فيها تلك التي تتناول الفنانين، ليس لديها، في الواقع، الشيء الكثير لتقوله عن صُنع الفن فعليًّا، ربما تقدم شذرات من الأمثال الرومانسية على «كفاح الفنانين»، لكن تظل الفرضية السائدة فيها هي أن الفن، بوضوح، هو ساحة للعبقرية، أو الجنون في بعض الأحيان. يقودنا القبول بهذه الفرضية إلى نتيجة، لا مهرب منها، مؤداها أنه بينما يجب على القارئ أن يفهم الفن، أو يستمتع به، أو يقدره، يجب عليه، بكل تأكيد، ألا يمارسه. وبمجرد استبعاد ذلك التقارب بين القارئ

والفنان، يصبح الفن نفسه شيئًا غريبًا ودخيلًا، شيئًا يشار إليه ويُقلَّب على أوجهه من مسافة تحليلية آمنة. بالنسبة إلى الناقد، الفن هو اسم.

من الواضح أن شيئًا ما في سبيله لأن يضيع في الترجمة هنا. ما يضيع هو بالتحديد الشيء نفسه الذي يقضي الفنانون الجزء الأفضل من حياتهم في فعله: ألا وهو تعلُّم كيفية صُنع أعمال تمثل لهم أهمية. ما يتعلمه الفنانون من فنانين آخرين ليس التاريخ ولا التقنيات، على الرغم من أننا نتعلم الكثير من ذلك أيضًا، ما نكتسبه حقًا من صُنع الآخرين للفن هو استمداد الشجاعة من الصحبة. يزيد التواصل عمقًا بتشارك المخاوف، وبالتالي إبطالها، ويتأتى هذا بتبني الفن كنهج، والفنانين كأرواح أهل العشيرة. بالنسبة إلى الفنان، الفن هو فعل.

هذا التمايز له أساس متين في العالم الواقعي، متين بما يكفي على الأقل لتدعيم الافتراض الاستفزازي ـ إن لم يكن شديد الإحكام ـ القائل إنه ليس هناك شيء مفيد، حقًا، يمكن تعلمه من مشاهدة العمل الفني النهائي. على الأقل، ليس هناك شيء يستطيع الفنانون الآخرون أن يستفيدوا من تطبيقه في صُنع فنهم الخاص. القرارات الحرجة، حقًا، التي تواجه كل فنان ـ لنقل مثلًا ـ معرفة متى يتوقف ـ لا يمكن تعلمها من مشاهدة النتائج النهائية. في

هذا الصدد، تعطي القطعة النهائية مفاتيح قليلة للإجابة عن أي أسئلة تشغل بال الفنان في أثناء صُنع العمل.

أنت تعرف كيف يكون الأمر: في خضم العمل، تتواثب الأفكار في رأسك وسط تداخل مربك من الاهتمامات الشخصية والمشتركة والعامة. لكن، نعم: لكل فنان تداخل محدد للغاية! وقد تكون في أفضل حالاتك، من الناحية البدنية، عندما تتعرق تحت أشعة الشمس، أو تتجاوب مع الجمهور مباشرة، أو تفعل مثلما يفعل المؤلف في حين يكتب هذه الجملة، مسترخيًا بمفرده مع كأس من النبيذ. من السهل علينا أن نتخيل مائة حالة ذهنية مختلفة ربما تكون قد دفعت إدوارد وستون إلى تصوير خضراوات حديقته، لكن ليس لدينا أدنى احتمال لمعرفة ما إذا كان أفضل تخمين لنا، من تلك المائة، يطابق حالته الفعلية. وهناك احتمالات على القدر نفسه من الضعف أن تقدم الطبعة الناتجة أي دليل لفهم الحالة الذهنية التي حولت ثمرة الفلفل رقم ثلاثين إلى لوحة ثمرة الفلفل رقم ثلاثين.

قد يكون هذا المأزق هو ما أدى بعزرا باوند إلى التصريح بأن الشيء الوحيد الذي تعلمه، من مشاهدة قطعة فنية جيدة، أن الفنان الآخر قد أدى عمله على نحو جيد، وهكذا أصبح هو (باوند) حرًّا في أن يستكشف

جانبًا آخر. يواجه الناقد الفني معضلة أشد استعصاء: فهو، بإيجاز شديد، لا يستطيع أن يفسر القطعة الفنية النهائية من خلال النظر إلى الفنان، ولا يستطيع تفسير الفنان من خلال مشاهدة القطعة الفنية النهائية. وهكذا يُعامَل الفن على أنه شيء غريب، يُجرى تحليله عن بُعد على أساس علاقته بالسياسة والثقافة والتاريخ، وعلى نحو غير محبَّذ، بالحركات الفنية الأخرى. أو يصنف، بكثير من العمل الشاق، إلى أساليب ومراحل و«أعمال مميزة» متعاقبة. تُعقِّد الكتب الدراسية المشكلة باختزال تاريخ الفن في تاريخ الفن الذي يمكن طبع نسخ منه. تُفرد لمنمنمات فيرمير وجداريات بيرشتات مساحات متساوية قدرها ربع صفحة، والفن الذي لا يتلاءم مع نقاط الطباعة يختفي تمامًا.

نحن لا نحاول أن نغالط بمهاجمة رجال القش، وليس من ضرر، بالتأكيد، في التراجع من حين إلى آخر، لتلقي نظرة عامة على التاريخ، وتتخيل مكانك فيه. بيت القصيد هو، ببساطة، أن أيًّا من هذا لن يساعدك في جعل اللون يسقط على القماش بالطريقة التي تريدها. لن يخبرك أي من هذا عن شعورك بوضع المطرقة على الرخام للمرة الأولى. لن ينقل إليك، أيٌّ من هذا، الرعب الناتج عن السير على خشبة المسرح لتواجه ألف شخص. بالنسبة

إلى الفنان العامل، ليست أفضل الكتابات هي التحليلية أو الزمنية، إنما السير الذاتية. في نهاية الأمر، كان الفنان هناك.

هناك عقيدة قديمة في الرسم الصيني تنص على أن الأعمال المميزة ليست في الشيء المُبدع، إنما في القوى التي أبدعته. وبالمثل، فإن أفضل كتابة عن الفن لا تصف القطعة النهائية، إنما العمليات التي أبدعتها. يقدم إدوارد وستون، في كتابه «Daybooks» (دفاتر اليوميات) سردًا حميميًا ـ حميميًا للغاية، كما قد يقول البعض ـ لعدد لا يُحصَى من التأثيرات التي تحيط بلحظة تعريض الصور. في كتاب «The Double Helix» (اللولب المزدوج)، سجل واطسن وكريك، بأسلوب أكثر تحفظًا، الحدس والتجارب التي أدت إلى اكتشافهما البنية الجزيئية للحمض النووي. وفي كتاب «Daybook» (دفتر اليوميات) بدأت الفنانة آن ترويت في تسجيل يوميات ممتلئة بالحكمة والتبصر، لمدة عام، امتدت مؤخرًا لتصبح سبعة أعوام. شغف وستون، ومنطق واطسُن، واستبطان ترويت، كلها آليات دافعة للعملية. لدى كل فنان أمور قريبة إلى قلبه، على نحو مماثل. بوسع كل فنان أن يكتب كتابًا مثل هذا. بوسعك أن تكتب كتابًا مثل هذا.

٨

العوالم المفاهيمية

الإجابة التي تحصل عليها
تتوقف على السؤال الذي تطرحه.
– توماس كون

اقترح الكاتب هنري جيمس، ذات مرة، ثلاثة أسئلة يمكنك أن تطرحها، على نحو مثمر، عن أعمال الفنان. أول سؤالين كانا واضحين وضوحًا لا لبس فيه: ما الذي كان الفنان يحاول أن يحققه؟ هل نجح في ذلك؟ كان الثالث سؤالًا بارعًا: هل كان الأمر يستحق العناء؟ هذان السؤالان الأولان وحدهما جيدان بما يكفي. فهما يتناولان الفن على مستوى يمكن اختباره مباشرة في مواجهة قيم العالم الواقعي وخبراته. يلزمانك بتقبل منظور الصانع ضمن إدراكك الخاص للعمل. صفوة القول، يسألانك أن تستجيب للعمل نفسه، من دون أن

١٢٩

تبادر إلى تمريره عبر مرشح جمالي، ما يسمى السلوكية أو النسوية أو ما بعد الحداثية أو أيًّا كان اسمه(*).

لكنه هذا السؤال الثالث ـ هل كان الأمر يستحق العناء؟ ـ هو ما يوسع آفاق الكون حقًّا. ما الشيء الذي يستحق العناء؟ هل تكون بعض المشكلات الفنية أكثر إثارة للاهتمام من غيرها؟ أكثر ملاءمة؟ أكثر دلالة؟ أكثر صعوبة؟ أكثر تحديًا؟ كل فنان معاصر تراوده أسئلة مثل هذه.

الأفكار والتقنية

لا يتحدى الفن المُحفِّز المشاهد فحسب، بل صانعه أيضًا. غالبًا، لا يحدث القصور في الفن بسبب فشل الفنان في مواجهة التحدي، بل لغياب تحدٍّ في المقام الأول. فكر

(*) هامش: فريدريك ج. كروز هو صاحب النص النموذجي في مخاطر الرؤية الفلسفية الضيقة. في الحقيقة، العنوان في حد ذاته، الذي اختاره لكتابه صغير الحجم، أصبح عنوانًا كلاسيكيًّا:
حيرة الدب بوو
كتيب للمبتدئين
يتضح فيه أن المعنى الحقيقي لحكايات بوو
ليس بسيطاً كما يُعتقد عادة
إنما يتطلب للوصول إليه تكاتف جهود
عديد من الأكاديميين من مختلف المذاهب النقدية

في الأمر كما في رياضة الغطس الأوليمبية، أنت لا تحصل على نقاط مرتفعة لأنك أديت غطسة البجعة المتقنة من المنصة المنخفضة. لا يُرجى عائد كبير من وراء الإتقان السهل الذي سرعان ما يبلغه الكثيرون.

قد تبدو مقاومة نماذج الإتقان في الفن أمرًا غريبًا، نظرًا إلى الإقرار بها في كثير من مناحي الحياة الأخرى. باستثناء غطسة البجعة، فإن الألعاب الأوليمبية نفسها قد تأسست على مفهوم الإنجاز العظيم في إطار عمل صارم. في سباق مائة متر عدوًا، لا يحظى بمراسم الشرف، في النهاية، العداء الذي يُظهر طفرة شخصية مثيرة للاهتمام، بل ذلك الذي يبلغ الهدف المحدد أولًا. كما ذكرت آن ترويت في كتابها «دفتر اليومية»، يتمثل العبء الملقى على عاتق الفنان في أن «المحامي والطبيب يمارسان مهنتيهما. يعرف السباك والنجار ما سيُطلب منهما عمله. لا يتعين عليهم أن يجعلوا العمل امتدادًا لأنفسهم، وأن يكتشفوا قوانينه، ومن بعد ذلك، أن يعرضوا أنفسهم، بفوضاها، أمام أنظار الجمهور».

من الواضح أن هذا ليس موضعًا سهلًا لتضع نفسك فيه. وبالفعل، كثير من الفنانين لا يفعلون ذلك. الفنانون الذين هم بحاجة إلى تأكيد مستمر على أنهم يسيرون على الطريق الصحيح، يسعون، بصورة روتينية، وراء

تحديات تقدم إليهم أهدافًا واضحة ورد فعل يمكن قياسه، مما يعني، تحديات تقنية. ليست المشكلة الأساسية في هذا أن السعي وراء التميز التقني هو أمر خاطئ بالتحديد، بل إن جعله الهدف الأساسي يضع العربة أمام الحصان. نحن لا نتذكر فترة طويلة أولئك الفنانين الذين اتبعوا القواعد بمثابرة أكثر من أي شخص آخر. نحن نتذكر أولئك الذين صنعوا الفن الذي تأتي منه «القواعد» لاحقًا، على نحو حتمي.

لدى المعايير التقنية طريقة، أكثر دهاء، في تبني بهارج المعايير الجمالية. على سبيل المثال، هناك اتفاق واسع النطاق على وجود تحدٍّ حقيقي في إضفاء درجات الأسود المشبع، والألوان المبهمة الداكنة، على المطبوعات الفوتوغرافية. مع ذلك، حدث عند نقطة معينة، خاصة بين مصوري المناظر الطبيعية في الساحل الغربي، أن أدت هذه الملاحظة التي تبدو محايدة، إلى التزام أخلاقي بوجوب أن تُظهر الصور الفوتوغرافية مثل هذا الإتقان في التناغم اللوني. مع ترسخ هذا النوع، تركزت المعايير التي يُحكم بها على مطبوعة فوتوغرافية، طرديًا، على الأداء التقني المتميز اللازم لإنتاج الدرجات المرغوب فيها. أصبح إبهام الدرجات اللونية هو المحتوى الأساسي، بالمعنى الحرفي للكلمة في أغلب الأحيان. لحق مصير

مماثل بالموسيقى السيمفونية في القرن العشرين، التي وقعت في إغواء نظرية الهارمونية النخبوية للدرجة التي جعلت جمهورها النقدي يتجه بالتدريج إلى أساليب أخرى، مثل الجاز، ظلت تضرب بجذورها في إيقاعات العالم الواقعي.

بالنسبة إلى المشاهد، الذي يوظف عاطفته بقدر محدود في الكيفية التي يُنفذ بها العمل، غالبًا ما يكون الفن المصنوع بغرض استعراض التميز التقني، في الأساس، فنًّا جميلًا وأخاذًا وأنيقًا... وخاويًا. بالنسبة إلى الفنان، الذي يوظف عاطفته في كل شيء، يتعلق الأمر على نحو أكبر بتساؤله عن الاتجاه الذي يجب أن يصل إليه. بالمقارنة مع التحديات الأخرى، لا يكمن العيب الأكبر للمشكلات التقنية في صعوبتها، بل في سهولتها.

من الطبيعي أن يكون الفنانون آخر مَن يعترف بذلك، ولو كان السبب الوحيد، لهذا، هو أن القصص البطولية عن الساعات المضنية التي قضوها في بناء القالب، أو صب المعدن الساخن، تظل من مقتضيات المحادثة الفنية. لكن بينما يكون إتقان التقنية صعبًا ويستغرق وقتًا طويلًا، يظل الوصول إلى هدف محدد بالفعل ـ إجابة صائبة ـ أسهل بطبيعته من منح شكل لفكرة جديدة. إن رسم قدمَي الملاك، في عمل مميز لفنان آخر، هو أسهل

من اكتشاف المكان الذي تحيا فيه الملائكة بداخلك. لو كانت التقنيات هي قضية الفن الجوهرية، لكان مرشحنا لمتحف الشمع، الخاص بمشاهير الفنانين، هو ساكن سان كوينتين الذي لم يبرحها، منفقًا عشرين عامًا على تشييد نسخة مطابقة للأصل من برج إيفل باستخدام أعواد تنظيف الأسنان. (وحسنًا، نعم، كان ذلك، بطريقته الخاصة، مثيرًا للإعجاب إلى حد بعيد!) لكن لا تجري الأمور على ذلك النحو. ببسيط العبارة، الفن الذي يتعامل مع الأفكار هو أكثر إثارة للاهتمام من الفن الذي يتعامل مع التقنيات.

الحرفة

نعم، هناك فرق بين الفن والحرفة، إلا أن كلا المصطلحين قد تضخم بفعل التعريفات المبهمة، التي جعلت من التمييز بينهما أمرًا أقرب إلى المستحيل. سوف نقنع هنا بتمييز مبهم.

عندما تفكر في الحرفة، فأنت تفكر في الأثاث الذي شكَّله سام معلوف، والملابس المصنوعة يدويًّا التي تُعرض بخُيلاء في مهرجان عصر النهضة، وكل شيء صُنع قبل الثورة الصناعية. عندما تفكر في الفن، فأنت تفكر في «الحرب والسلام»، وكونشرتو لبيتهوفن، والموناليزا. من

الواضح أن كلا المجالين ينتج أشياء جيدة، وأشياء قيمة، وفي بعض الأحيان، أشياء نافعة على نحو ملموس، ويبدو للوهلة الأولى، أن التمايز بينهما شديد الوضوح.

لكن، هل الموناليزا فن حقًّا؟ حسنًا، ماذا عن نسخة متقنة، يصعب اكتشافها، من الموناليزا؟ تشير هذه المقارنة، مهما كانت مراوغة، إلى حقيقة أنه من الصعب، على نحو مدهش، بل وربما من المستحيل، أن ترى عملًا وحيدًا بمعزل عما سواه، وتُصدر حكمًا قاطعًا: «هذا فن» أو «هذه حرفة». يعني الإلمام بهذا الفارق مقارنة قطع متتابعة من صنع الشخص نفسه.

يكمن الفن، في جوهره، في النقلة المفاهيمية بين القطع، وليس في القطع نفسها. وبقول أبسط، تكون القفزة المفاهيمية، من عمل فني إلى العمل الذي يليه، أكبر من القفزة المفاهيمية، من عمل حرفي إلى العمل الذي يليه. النتيجة النهائية هي أن الفن أقل صقلًا، لكنه أكثر ابتكارًا، من الحرفة. الاختلافات الموجودة بين خمس آلات بيانو من نوع شتاينواي ـ أعمال حرفية من الطراز الأول، بكل وضوح ـ هي اختلافات طفيفة، مقارنة بكونشيرتات البيانو الخمسة لبيتهوفن، التي قد تعزفها على تلك الآلات.

عادة ما يُصنع العمل الحرفي ليناسب نموذجًا محددًا، نموذجًا صعبًا للغاية في بعض الأحيان، ويتطلب إتقانه

سنوات من التدريب المهني المباشر. إنه لأمر مذهل أن ندرك أن جميع آلات الكمان العظيمة، التي أُنتجت على الإطلاق، صُنعت في غضون سنوات قليلة، على يد عدد قليل من الحرفيين، كانوا يعيشون في محيط مربعات سكنية قليلة. حدث هذا كله في قرية إيطالية نائية قبل ثلاثة قرون. تشير إنجازات أنطونيو ستراديفاري ورفاقه الحرفيين إلى اختلاف حقيقي بين الفن والحرفة: في الحرفة، يكون الإتقان ممكنًا. بهذا المعنى، يتطابق التعريف الغربي للحرفة، إلى حد قريب، مع التعريف الشرقي للفن. في الثقافات الشرقية، يُحتفى بالفن الذي يواصل حمل التقليد الخاص بفنان قدير متقدم في العمر. في الغرب، تُخفَّض منزلته باعتباره فنًّا غير أصيل.

لكن من الغريب، أن يكون تطور معظم أعمال الفنانين، مع الوقت، هو تطور من الفن في اتجاه الحرفة. بالأسلوب نفسه الذي يفسح به الخيال الطريق للتنفيذ في حين يتقدم أي عمل مفرد باتجاه الإتمام. عادة ما تأتي اكتشافات الفنان الرئيسية في وقت مبكر، ويُخصَّص العمر بعدها لاستيفاء تلك الاكتشافات وصقلها. كما تشير حكمة زن: هناك مسارات عديدة للمبتدئين، وقليلة للمتقدمين.

تتمثل وظيفتك كفنان، في أي نقطة على طول ذلك

المسار، في دفع الحرفة إلى أقصى حدودها، من دون الوقوع في شَرَكها. الشَرَك هو الإتقان: ما لم تولِّد أعمالك، باستمرار، مشكلات جديدة غير محلولة، فليس من سبب لأن يكون عملك التالي مختلفًا بأي صورة عن عملك السابق. لا يكمن الاختلاف بين الفن والحرفة في الأدوات التي تحملها في يديك، بل في استجاباتك الذهنية التي توجهها. بالنسبة إلى الحرفي، تُعد الحرفة غاية في حد ذاتها. بالنسبة إليك، كفنان، تمثل الحرفة وسيلة للتعبير عن رؤيتك. الحرفة هي الجانب المرئي من الفن.

العمل الجديد

في النمو الفني الروتيني، لا يؤدي العمل الجديد إلى أن يصبح العمل القديم زائفًا، إنما يجعله أكثر اصطناعًا، وأكثر تعلقًا بالصنعة. غالبًا ما تسبب الأعمال الأقدم حرجًا للفنان، لأنها تبدو وكأنها صُنعت على يد شخص أصغر وأكثر سذاجة؛ شخص كان غافلًا عن الادعاء والمجهود في العمل. غالبًا ما يبدو على الأعمال المبكرة، على نحو لافت للانتباه، الجهد الكبير المبذول والبساطة البالغة. هذا أمر طبيعي. يُفترض بالأعمال الجديدة أن تحل محل الأعمال القديمة، إن كانت تفعل هذا بجعل الأعمال

القديمة غير ملائمة وغير كافية وغير مكتملة... حسنًا، هكذا هي الحياة. أسدى فرانك لويد رايت النصح لشباب المعماريين بزراعة نبات اللبلاب في جميع أنحاء مبانيهم المبكرة، مشيرًا إلى أنه بمرور الوقت سينمو ليغطي على «حماقات شبابهم». تخبرك الأعمال القديمة بما كنت تصرف إليه انتباهك حينها، تُعقِّب الأعمال الجديدة على القديمة بالإشارة إلى ما لم تكن توليه الاهتمام سابقًا. من شأن هذا كله الآن أن يكون سلسًا وجميلًا، إلا أن العمل الجديد يمكن أن يتحول إلى عمل قديم في لحظة، أحيانًا، في اللحظة التي تلي، بالفعل، انتهاء العمل مباشرة. قد لا يدوم الهناء بالعمل المنتهي سوى لطرفة عين. أمر غير سار، بالتأكيد، لكنه علامة جيدة.

الإبد*ع

قد يرغب القراء في الإشارة إلى عدم وجود أي موضع، في هذا الكتاب، تظهر فيه الكلمة المهيبة التي تبدأ بهمزة قطع. لماذا ينبغي أن تظهر؟ هل يقتصر امتلاك الأفكار على بعض الناس؟ هل هم وحدهم مَن يواجهون مشكلات، ويحلمون، ويعيشون في العالم الواقعي، ويتنفسون الهواء؟

العادات

العادات هي الرؤية الهامشية للعقل. تموج بالحركة تحت مستوى اتخاذ القرار الواعي، تفحص الموقف بعين مفاهيمية لتتغاضى عن معظمه. النظرية في منتهى البساطة: استجب تلقائيًّا لما هو مألوف، وستكون حينها حرًّا في الاستجابة على نحو انتقائي لما هو غير مألوف. مع ذلك، ينتج عن تطبيق تلك النظرية مخاطر كبيرة. إذا انغمستَ في كثير من العادات، تغرق الحياة في روتين متبلد. وإذا اكتفيت بالقليل منها، تتعامل مع سيل لا هوادة فيه من التفاصيل الجديدة التي تجتاحك، (مثلما يُفتن مَن يتعاطون نوعًا معينًا من المؤثرات العقلية، بمجرد ملاحظتهم أن كل نصل من أنصال العشب آخذ في النمو).

يتعلق الأمر كله بالتوازن، وصُنع الفن يساعد على تحقيق ذلك التوازن. تُعدُّ لوحة الرسوم التحضيرية أو الدفتر بمثابة ترخيص للفنان بالاستكشاف. يصبح من المقبول تمامًا أن يقف هناك، لدقائق متواصلة، يحدق إلى جذع شجرة. تحتاج أحيانًا إلى مسح الغابة بنظرك، وتحتاج أحيانًا إلى لمس شجرة واحدة. إذا لم تتمكن من استيعاب كليهما، فلن تفهم أيًّا منهما فهمًا تامًّا. تعزز رؤية الأشياء من إحساسك بالدهشة، سواء على مستوى النمط

الأحادي لتجربتك الخاصة، أو الأنماط العامة التي تشكل كل التجارب. يوحي كل هذا بنهج عمل مفيد لصُنع الفن: لاحظ الأشياء التي تلاحظها. (على سبيل المثال، اقرأ تلك العبارة مرة أخرى). أو بعبارة أخرى: اصنع أشياء تتحدث، ثم أصغِ إليها.

تتعرض العاداتُ لانتقادات شديدة في عالم الفن. حسنًا، ليس هذا بالأمر المفاجئ. في مجال يزدهر فيه محطمو الأوثان، ويكون المطلب اليومي هو اكتشاف أفكار جديدة، مَن يرغب في البقاء في المنزل بصحبة المألوف؟ صحيح، لماذا ينبغي لك ذلك؟ في نهاية المطاف، إذا كنت مرتاحًا لما تفعله، يحتمل أنك كنت هناك من قبل. مع ذلك، لن يتسنَّى التعامل مع الأسئلة الكبيرة أبدًا، ما لم يمكن الاعتماد على العادة في كم كبير من التفاصيل. إذا كان على الفن أن يغذي الوعي، فيجب تشجيع ردود الأفعال الصادرة عن العادة فضلًا عن التشكيك فيها. ما أنت بحاجة إليه هو البحث في ردود أفعالك المتكررة على العالم، والكشف عما هو غير صحيح أو غير مفيد منها، واعمل على تغييره. ما يتبقى هو الذي يخصك: تعهده بالرعاية. كما أشار عالم الرياضيات ج. ك. تشسترتون، ساخرًا: «بوسعك أن تحرر الأشياء من القوانين الشاذة والعرضية، لكن ليس من قوانين طبيعتها

الخاصة. لا تسعَ إلى تشجيع المثلثات على الإفلات من أسر جوانبها الثلاثة؛ إذا ما أفلت مثلث من جوانبه الثلاثة، فستنتهي حياته على نحو مؤسف».

تكمن الحيلة، بالطبع، في تنمية مبادرات العادة التي تخصك. للأسف، لا يُفرِط العالم الخارجي في الترفق بالفنان في هذا المسعى. تُسمى العادات، التي تغرسها الجينات، والوالدان، والكنيسة، والوظيفة، والعلاقات، بالسمات الشخصية. تُسمى العادات، المكتسبة من فنانين آخرين، اعتمادًا على الشكل الذي تتخذه، بالتصنع، أو النقل، أو الانتحال، أو التزوير. يرى المؤلفان أن هذا الحكم قاسٍ قليلًا، لا سيما أنه يُبطل المصدر الذي غالبًا ما ينهل منه الفنانون في بداية اشتغالهم بالفن.

مع ذلك، فإن التأثير في الفنان ليس رهيبًا كما قد يصوره النقاد. في البداية، يتفاعل كثير من الأشخاص مع الفن بعمق ـ في الواقع، هم يتفاعلون مع العالم بعمق ـ عند اكتشافهم لأعمال فنية تبدو وكأنها تخاطبهم مباشرة. ليست بالمفاجأة الكبيرة، إذن، إذا ما بدأوا بمحاكاة الفن أو الفنان الذي أمدهم بالإلهام عند شروعهم في صُنع الفن بأنفسهم. تُظهر مؤلفات بيتهوفن المبكرة، على سبيل المثال، تأثيرًا جليًا لمعلمه فرانز جوزيف هايدن. معظم الأعمال المبكرة، في الواقع، تشير فقط إلى الموضوعات

والملامح التي ستظهر، لاحقًا، كبصمة مميزة للفنان في أعماله الناضجة، إذا لم تتبدد الإمكانات. مع ذلك، هناك احتمالات أنه أيًّا كان الموضوع أو التقنية التي جذبت اهتمامك، يوجد شخص ما قد جرب، بالفعل، في الاتجاه نفسه. هذا أمر لا مفر منه: عند صُنع أي قطعة فنية، يتحتم توظيف الأفكار الكبيرة والتقنيات الأساسية التي استخدمها الفنانون لقرون. اكتشاف عملك الخاص هو عملية استخلاصه من كل تلك الآثار التي تبدو حقيقية لروحك.

تصبح العادات الفنية، بمجرد تطويرها، راسخة وموثوقة ومساعدة وملائمة. وعلاوة على ذلك، تُعزى للعادات أهمية من الناحية الأسلوبية. بمعنى ما، العادات هي الأسلوب. البادرة غير المدروسة، والجملة المتكررة، والانتقاء التلقائي، ورد الفعل المتميز على موضوع العمل وخاماته. هذه هي الأشياء التي نشير إليها باعتبارها الأسلوب. كثير من الناس، بمن فيهم الفنانون، ينظرون إلى هذا باعتباره مزيَّة. بينما، إذا نظرنا من كثب، فسنجد أن الأسلوب ليس مزيَّة، إنه أمر حتمي، نتيجة لا مفر منها لفعل أي شيء أكثر من بضع مرات. تظهر بوادر العادة، عند أي فنان، عبر أي مجموعة أعمال تطورت بدرجة تكفي لتسميتها مجموعة أعمال. الأسلوب ليس مظهرًا

من مظاهر العمل الجيد، بل هو مظهر من مظاهر كل عمل. الأسلوب هو النتيجة الطبيعية للعادة.

الفن والعلم

يوجد إيمان راسخ، بين الفنانين والعلماء على حد سواء، أنه عند مستوى ما من العمق، يتقاسم مجالاهما أرضية مشتركة. ما يثبته العلم عن طريق التجريب، لطالما عرفه الفن عن طريق الحدس. يوجد إيمان راسخ بأن هناك إحكامًا فطريًا في صيغ الطبيعة التكرارية. لم يعمد العلم إلى إثبات وجود القطع المكافئ أو المنحنيات الجيبية أو الرمز «ط» (π)، مع ذلك، حيثما تُلاحظ الظواهر فهي موجودة. لا يزن الفن ناتج ضربة الفرشاة بصورة رياضية، مع ذلك، تظهر الأشكال ذات الأنماط الأولية حينما يُصنع الفن. عندما سُئل تشارلز إيمز عن الكيفية التي توصَّل بها إلى المنحنيات المستخدمة في كرسيه الشهير، المصنوع من الخشب الرقائقي المقولب، كان من الواضح أنه أصيب بالحيرة لحقيقة أن أي شخص قد يطرح عليه مثل هذا السؤال. اكتفى بهز كتفيه أخيرًا، وأجاب: «إنها في طبيعة الشيء». تبدو بعض الأشياء صحيحة، بكل بساطة وثقة، بصرف النظر عما إذا كانت قد اكتُشفت أو اختُرعت. لا يمكن التمييز بين ما هو طبيعي وما هو

جميل، في حالتهما النقية. هل يمكنك إدخال تحسينات على الدائرة؟

مع ذلك، في الحياة اليومية، يختلف إدخال التحسينات على الدائرة عن، ولنقل، إدخال التحسينات على العجلة. يتقدم العلم بالمعدل نفسه الذي توفر به التكنولوجيا أدوات ذات دقة أعلى، في حين يتقدم الفن بالوتيرة التي توفر، عند الارتقاء بها، بصيرة أكبر للعقول. هي وتيرة بطيئة للغاية، أيًّا كانت عواقب ذلك. وهكذا، بينما تبدو الأدوات الحجرية، التي أبدعها سكان الكهوف في العصر الجليدي، بدائية بشكل يدعو إلى اليأس، وفقًا للمقاييس التكنولوجية الحالية، تظل رسومهم الجدارية أنيقة ومعبرة، مثلها في ذلك مثل أي فن حديث. وبينما عمرت مئات الحضارات، في بعض الأحيان، لقرون من الزمن من دون أجهزة كمبيوتر أو طواحين أو حتى العجلة، لم ينجح أي منها في البقاء، ولو لبضعة أجيال، من دون فن.

لا يهدف ذلك كله إلى صهر الفن والعلم في نوع ما من السباقات المعنوية، بل لمجرد الإشارة إلى أنه في الفن، كما في العلم، تتوقف الإجابة التي تنالها على السؤال الذي تطرحه. بينما يتساءل العالم عن أفضل المعادلات لوصف مسار صخرة تنتقل في الهواء، يتساءل الفنان عن شعوره إذا ما رمى صخرة مماثلة.

أشار دوجلاس هوفشتاتر إلى أن «الشيء الرئيسي الذي يجب أن يؤخذ بعين الاعتبار، أن العلم يتمحور حول درجات من الأحداث، وليس حالات معينة». الفن هو العكس تمامًا. يتناول الفن أي صخرة محددة، بتقلباتها المحبذة، وخصائصها الشكلية، وعدم استوائها، وضوضائها. حقائق الحياة كما نختبرها ـ وكما يعبر عنها الفن ـ تتضمن تأثيرات عشوائية ومشتتة للانتباه، كأجزاء أساسية من طبيعتها. الصخور النظرية هي نطاق العلم، صخور بعينها هي نطاق الفن.

يأتي ثراء العلم من أشخاص أذكياء بحق، يطرحون أسئلة مؤطرة بدقة عن أحداث مُسيطر عليها بحرص. مُسيطر عليها بمعنى أن أمثال هذه الأحداث العشوائية أو المشتتة لا تؤخذ في الحسبان. إذا سُئل العالِم عما إذا كان ممكنًا أن يؤدي تكرار تجربة معينة إلى نتائج متطابقة، فسيتعين عليه أن يقول نعم، وإلا فلن يكون علمًا. المفترض أنه بانتهاء التجربة العلمية لم يطرأ تغيير على الباحث ولا العالَم، وبالتالي فإن إعادة التجربة ستؤدي، بالضرورة، إلى إعادة إنتاج النتيجة نفسها. في الواقع، أي شخص يجري التجربة على نحو صحيح سيحصل على النتائج نفسها، وهي حالة تؤدي أحيانًا إلى مطالبات متعددة بحق الاكتشاف نفسه.

لكن، إذا سُئل الفنان عما إذا كان ممكنًا أن تؤدي إعادة صُنع قطعة فنية إلى نتائج متطابقة، فسيتعين عليه أن يجيب بالنفي، وإلا فلن يكون فنًّا. عند صُنع قطعة فنية، يتغير الفنان وعالمه، ودائمًا ستؤدي إعادة طرح السؤال ـ بمواجهة اللوحة البيضاء التالية ـ إلى إجابة مختلفة. يخلق هذا تناقضًا معينًا، إذ بينما يحمل الفن بداخله صدى من الحقيقة ـ إحساسًا بأن شيئًا مهمًّا ما، يخص العالم، بصورة دائمة، قد تم إيضاحه ـ يمكننا القول إن عملية إعطاء شكل لهذه الحقيقة يتفرد بها شخص واحد، لمرة واحدة. توجد لحظة، لكل فنان، يستطيع فيها أن يعثر على حقيقة معينة، إن لم يعثر عليها حينها، فلن يعثر عليها أبدًا. لن يكون شخص آخر في وضع يسمح له بكتابة «هاملت». هذا دليل جيد جدًّا على أن معنى العالم قد تمت صناعته، لا العثور عليه. تغير فهمنا للعالم عندما كُتبت تلك الكلمات، وليس بإمكاننا العودة إلى الخلف... بأكثر ما يمكن لشكسبير.

يصبح العالم المتبدل على هذا النحو عالمًا مختلفًا، وتصبح تبدلاتنا جزءًا منه. العالم الذي نراه اليوم هو إرث أناس يلاحظون العالم ويبدون ملاحظاتهم عليه في أشكال محفوظة. يصعب، بالطبع، أن نتخيل أن الجياد لم يكن لها شكل قبل أن يرسم شخص ما شكلها على جدران الكهف،

لكن لا تصعب رؤية العالم وقد أصبح، تبعًا لذلك، مكانًا أرحب، وأثرى، وأكثر تعقيدًا، وذا مغزى.

المرجعية الذاتية

المرجعية الذاتية، والتكرار، والمحاكاة الساخرة، والهجاء... لا يكون الفن شيئًا إن لم يكن حميميًّا. يشهد بذلك رسم إيشر لأيدٍ ترسم أيدٍ. لقد جعل فن القرن العشرين، من المرجعية الذاتية، مخزونًا له بشكل كبير. لوحات مرسومة عن فن الرسم، وكتابات عن فن الكتابة. علاوة على ذلك، تقتبس كل قطعة فنية من نفسها، وتصيح باسمها من خلال التواتر والتكرار. تقدم الموسيقى أوضح الأمثلة، مثل تأليف بيتهوفن للحركة الأولى من سيمفونيته الخامسة مستخدمًا أربع نغمات فقط، لكن كل الوسائط لها ما يقابلها.

عندما لا تقتبس الأعمال من نفسها، غالبًا ما تشيد بالفن الذي سبقها: تقتبس سوناتا الكمان لتشايكوفسكي (مؤلَّف ١٤٧) من سوناتا ضوء القمر لبيتهوفن، بإدارة اللحن حول نفسه، موجهة الانتباه إلى نفسها بتوجيه الانتباه إلى شيء آخر. يصبح هذا، على مستوى أقل من التبجيل، هجاء ومحاكاة ساخرة، كما في فيلم وودي آلان «اعزفها مرة أخرى، يا سام».

إن عملية مثل إضافة اللون إلى اللوحة، على سبيل المثال، لا تبوح فقط بأشياء عن نفسها، بل عن كل لون آخر أُضيف إلى لوحة أيضًا. بعد أن رأيت أعمال جاكسون بولوك، تبدو لك أعمال رامبرانت مختلفة، إذ تجد أن اللون قد أُضيف بتعمد أكبر. بل تبدو أكثر اختلافًا بعد أن أضفت اللون بنفسك. يتغير إدراكنا للماضي من خلال خبراتنا في الحاضر.

بتحويل النقطة المرجعية إلى الداخل، يتضح عند مستوى ما، أن كل الفن هو سيرة ذاتية. في نهاية المطاف، لا تضع فرشاتك لمسة إلا استجابة لحركة يدك، ولا يصفُّ معالج كلماتك جملة إلا استجابة لضرباتك على المفاتيح. كما لاحظ تنسي ويليامز، حتى الأعمال الخيالية أو العجائبية الواضحة، تبقى سِيرًا ذاتية على المستوى العاطفي. نظَّم جون زاركوفسكي، ذات مرة، معرضًا في متحف الفن الحديث، بعنوان: «مرايا ونوافذ». كانت فرضيته أن بعض الفنانين يرون العالم كما لو كانوا يتطلعون من خلال نافذة إلى أشياء تحدث «هناك في الخارج»، في حين يرى آخرون العالم كما لو كانوا ينظرون في مرآة مطالعين عالمًا في داخلهم. تكون وجهة نظر السيرة الذاتية مُتضمَّنة في كلتا الحالتين.

إذا كان الفن يدور حول الذات، فإن النتيجة الطبيعية،

المقبولة على نطاق واسع، هي أن صُنع الفن يدور حول التعبير عن الذات. وهكذا يكون... لكن ليس ذلك بالضرورة كل ما في الأمر. قد يكون مجرد ملمح عابر، من ملامح عصرنا، أن يُقدَّم التحقق من إحساسنا بهويتنا باعتباره سببًا رئيسيًّا للحاجة إلى صُنع الفن. ما يفتقده هذا التأويل هو معنى قديم يقول إن الفن هو شيء تفعله في العالم، أو تفعله حيال العالم، أو حتى تفعله من أجل العالم. قد لا تنبع الحاجة إلى صُنع الفن من الحاجة إلى التعبير عن هويتك فقط، ولكن من الحاجة إلى إتمام العلاقة مع شيء ما خارجك. بوصفك صانعًا للفن، فأنت مسؤول عن قضايا أوسع من الذات.

يكون الدافع لبعض الناس الذين يصنعون فنًّا، هو الإلهام، ولآخرين، هو التحدي، ولآخرين غيرهم، هو اليأس. يتيح صُنع الفن النفاذ إلى عوالم قد تكون خطيرة، أو مقدسة، أو محظورة، أو مغوية، أو كل ما سبق. يتيح النفاذ إلى عوالم ربما لم تكن، قَطُّ، لتقتحمها بالكامل، بغير ذلك من الطرق. في الواقع، قد يكون الاقتحام، وليس الفن، هو ما تسعى إليه. يكمن الاختلاف في أن صُنع الفن يتيح لك، بل يضمن بالفعل، أن تعلن عن نفسك. الفن هو تواصل، ويكشف فنك، بالضرورة، عن طبيعة هذا التواصل. بصُنعك للفن، تعلن عما هو مهم.

المجاز

عندما تشرع في رحلة طويلة، تكون الأشجار أشجارًا، والماء ماء، والجبال جبالًا. بعد أن تقطع مسافة ما، لا تعود الأشجار أشجارًا، ولا الماء ماء، ولا الجبال جبالًا لكن بعد أن ترتحل لمسافة شاسعة، تعود الأشجار، مرة أخرى، أشجارًا، والماء ماء، والجبال جبالًا.

– تعاليم زن

يعتمد صُنع الفن على ملاحظة الأشياء، أشياء تخصك وتخص أساليبك وموضوعك. على سبيل المثال، يلاحظ كل فنان بصري، عاجلًا أم آجلًا، علاقة الخط بحافة الصورة. لم تكن العلاقة موجودة قبل تلك اللحظة، وفيما بعد، يستحيل تخيل أنها غير موجودة. وبدءًا من هذه اللحظة، يتحاور كل خط جديد، جيئة وذهابًا، مع حافة الصورة. الأشخاص الذين لم يمروا بهذه الطفرة الصغيرة، بعد، لا يرون الصورة نفسها التي يراها أولئك الذين فعلوا ذلك. بل الحقيقة أنهم، من الناحية المفاهيمية، لا يعيشون في العالم نفسه.

تمثل أعمالك مصدرًا لعدد لا يحصى من العلاقات

التي على هذه الشاكلة. تمثل هذه العلاقات، بدورها، مصدرًا أساسيًّا للثراء والتعقيد في فنك. مع تطور فنك، تضطلع هذه العلاقات المفاهيمية، على نحو متزايد، بتحديد شكل العالم الذي تراه وبُنيته. في الوقت المناسب، تصبح هي العالم. تتضاءل الفوارق بينك وبين أعمالك والعالم، تصبح شفافة، ثم تختفي أخيرًا. في الوقت المناسب، تعود الأشجار، مرة أخرى، أشجارًا.

عند النظر إلى التغييرات التي تطرأ على فن المرء، على مدى سنوات، فإنها تكشف عن نمط غريب، يتأرجح على نحو غير منتظم، بين فترات طويلة من الصقل الهادئ، وطفرات عرضية من التغير الجامح. ومع أن هذا يتعدى غاياتنا هنا، لا يسعنا إلا أن نلاحظ التشابه المثير بين هذا النمط ومظاهر نظرية الفوضى في الرياضيات. أحيانًا ما ينساب إدراكنا للعالم، بسلاسة واستمرارية، من حالة لأخرى، وأحيانًا ما ينقلب انقلابًا غير متوقع، لا رجعة فيه، إلى تصور مختلف تمامًا. نحفظ، بوصفنا أطفال مدارس، الأمثلة الشهيرة ـ مثل تفاحة نيوتن وهي تقدم إليه قانون الجاذبية ـ لكنها تأتي دائمًا مع التنبيه على أن مثل هذه الأحداث نادرة، وربما شديدة الندرة. في نهاية المطاف، كم مرة تتهيأ الفرصة لأي أحد كي يعيد كتابة القوانين الأساسية للفيزياء؟

مع ذلك، من الواضح أن كلًّا منا يمر، من آنٍ لآخر، بمثل هذه الطفرات المفاهيمية، وعلى الرغم من أن طفراتنا قد لا تؤثر في مدار الكواكب، فإنها تؤثر بوضوح في الطريقة التي نشتبك بها مع العالم من حولنا. ادرس الفرنسية، على سبيل المثال، لتواجه احتمال أن تقضي الشهر الأول في مكابدة مشقة ترجمتها، كلمة بكلمة، إلى العربية كي تجعلها مفهومة. ثم ذات يوم، «!voilà»، تجد نفسك تقرأ الفرنسية من دون ترجمتها، والعملية التي كانت غامضة في السابق، تصبح تلقائية. أو اذهب للبحث عن الفطر، مع شخص ذي دراية حقيقية بأنواع الفطر، لتتحمل أولًا بعض الجولات المهينة، بكل معنى الكلمة، التي يجد فيها هذا الخبير كل أنواع الفطر ولا تجد أنت شيئًا. ولكن في مرحلة تالية ما، يتحول العالم، وتمتلئ الغابة على نحو سحري ـ الفطر في كل مكان! ـ والرؤية التي كانت معتمة في السابق، تصبح شفافة.

يمثل هذا النوع من التحولات المضيئة، بالنسبة إلى الفنان، آلية مركزية للتغيير. إذ يولد أنقى أشكال المجاز: تنعقد الصلات بين الأشياء غير المتشابهة، تثري معاني أحدها معاني الآخر، وتصبح الأشياء غير المتشابهة عصية على الانفصال. قبل الطفرة، كان هناك ضوء وظل. بعدها، تطفو الأشياء في فضاء لا يمكن فيه تمييز الضوء والظل من العنصر الذي يحددانه.

حدث، في الآونة الأخيرة، لرسام حقق بعض الإنجازات، لكن تنقصه الثقة مثل بقيتنا، أنه كان يناقش حلمًا، رآه في الليلة السابقة، مع صديق له في حين يشربان القهوة. كان واحدًا من تلك الأحلام المفعمة بالحيوية الصارخة، ذلك النوع الذي تدوم تفاصيله الدقيقة إلى ما بعد اليقظة. وجد نفسه، في الحلم، عند قاعة لعرض الفن، وعندما دخل ونظر من حوله وجد الجدران مغطاة باللوحات، لوحات مدهشة ذات كثافة عاطفية وجمال أخاذ. انتهى الفنان من قص حلمه قائلًا بحماس: «أنا على استعداد لتقديم أي شيء كي أتمكن من رسم لوحات كتلك!».

صاح صديقه: «انتظر دقيقة! ألا ترى؟ تلك كانت لوحاتك! لقد أتت من عقلك. مَن غيرك قد يكون رسمها؟».
مَن غيره بالفعل؟

يمكنك إنكار أحلامك بالطبع، لكن ليس هناك سوى نتيجة وحيدة محزنة. تمسَّك بأن العالم يجب أن يظل دائمًا (س)، وبالفعل، ستكون (س) هي ما تحصل عليه بالضبط. لكن ذلك هو غاية ما سيبلغه العالم على الإطلاق، وغاية ما سيبلغه فنك على الإطلاق. يقول المثل: «عندما تكون أداتك الوحيدة مطرقة، يبدو كل شيء وكأنه مسمار». يشغل الخيال والتنفيذ أرضيتهما المشتركة العادلة في

كل الأفعال الممكنة: صور قابلة للرسم، خطوات قابلة للرقص، نغمات قابلة للعزف. إن نموك كفنان هو نمو أعمال قابلة للتحقق بالكامل. أعمال تصبح حقيقية في الإضاءة الساطعة لكل ما تعرفه. بما في ذلك، كل ما تعرفه عن نفسك.

٩

الصوت الإنساني

أجهزة الكمبيوتر عديمة الجدوى...
كل ما يمكنها أن تقدمه إليك هو إجابات.
– بابلو بيكاسو

حاولنا، خلال الجزء الأكبر من هذا الكتاب، التصدي لصعوبات صُنع الفن، من خلال الوقوف على الطريقة الفعلية التي تحدث بها هذه الصعوبات في المرسم. إنها فرضية بسيطة: اتَّبع الخيوط التي تنشأ من الاتصال بالعمل نفسه، وسيصبح المسار التقني والعاطفي والفكري واضحًا. بعد أن بلغنا هذا الحد، من المغري أن نحاول الوصول بهذه الفكرة إلى منتهاها، عن طريق تحويل كل هذه الخيوط إلى إجابة واحدة واضحة وأساسية ومصقولة بعناية. أمر مغرٍ، لكنه عقيم، تولِّد الإجابات الطمأنينة، لكن إذا كنت بصدد شيء مفيد حقًّا، فإنه على الأرجح سوف يتخذ شكل سؤال.

مَن يملك الإجابات المثيرة للاهتمام، على المدى البعيد، هم أولئك الذين يطرحون الأسئلة المثيرة للاهتمام. في بعض الأحيان، وربما في أحيان أكثر مما ندركها، تدور الأسئلة ذات الأهمية الحقيقية في أذهاننا لفترة طويلة قبل أن نتخذ إجراء بشأنها. في الواقع، أحيانًا ما تبقى هناك لفترة طويلة قبل أن ندرك حتى أنها مهمة. قبل ما يقرب من العشرين عامًا، طُرح على المؤلفين السؤال الذي كان، على الأرجح، البذرة الأولى لهذا الكتاب. كانت المناسبة مناقشة ودية لتشكيل جماعة صغيرة من الفنانين. كان السؤال: هل هناك أي شيء مشترك بين الفنانين يجمعهم بعضهم ببعض؟

سرعان ما أثار هذا السؤال، مثله مثل أي سؤال جيد، موجة من الأسئلة ذات الصلة: كيف يصبح الفنانون فنانين؟ كيف يتعلم الفنانون تطوير أعمالهم؟ كيف يمكنني أن أصنع عملًا يشعرني بالرضا؟ بدت الإجابات قريبة بالنسبة إلى فنانَين شابين ممتلئين بالطاقة والمثالية. مع مرور السنين فقط، بدأنا نواجه، بوتيرة متزايدة، قضية أكثر قتامة: لماذا يعتزل كثيرون ممن بدأوا؟!

تشكل هذه السلسلة من الأسئلة، مجتمعة، المحور

المركزي لـ«الفن والخوف». إنها سلسلة غريبة، ربما ليست غريبة بما يكفي لإثارة اهتمام الباحثين، لكنها مراوغة لدرجة لا تجعلها تجذب المشتغلين بعلم النفس المبسط، ربما يكون ذلك من حسن الحظ. نحن نعيش في عالم عادة ما تتسم فيه الملاحظات الجاهزة حول صُنع الفن بعدم الجدوى، وغالبًا ما تكون قاتلة.

س: هل يمكن لأي شخص أن يضاهي عبقرية مو تسارت؟

ج: لا.

شكرًا. هل يمكننا الآن أن نمضي قدمًا في عملنا؟

بالمثل، لا توجد مفردات جاهزة لوصف الطرق التي يصبح بها الفنانون فنانين، ولا يوجد تسليم بأن الفنانين يجب أن يتعلموا أن يكونوا ما هم عليه، حتى لو لم يسعهم إلا أن يكونوا كذلك. لدينا كلام يعكس كيفية تعلم الرسم، لكن ليس كيفية تعلم رسم لوحاتنا. كيف تصف الـ [على القارئ أن يضع كلمات هنا] الذي يتغير عندما تنمو الحرفة لتصبح فنًّا؟

يجتمع الفنانون في ضوء معرفتهم الواضحة بأن الحقيقة التي يجب أخذها بعين الاعتبار أنهم سيعودون

إلى مرسمهم ويمارسون فنهم بمفردهم. هكذا هو الأمر. قد تكون هذه الحقيقة البسيطة هي أعمق رابط نتشاركه. إن الرسالة العابرة للزمن، من البيسون المرسوم وعاج الفقمة المنقوش، لا تتحدث عن أوجه الاختلاف بين صانعي هذا الفن وبيننا، بل تتحدث عن أوجه التشابه. اليوم، تختبئ أوجه التشابه، هذه، تحت التعقيد الحضري ــ من جمهور، ونقاد، واقتصاد، وتفاصيل غير مهمة ــ في عالمٍ واعٍ بذاته. وحدها تلك اللحظات التي نعمل فيها، حقًّا، على أعمالنا الفنية، هي التي نستعيد من خلالها الرابطة الأساسية التي نتشاركها مع جميع صانعي الفن. قد يكون الباقي ضروريًّا، لكنه ليس فنًّا. مهمتك هي رسم خط يمتد من حياتك إلى أعمالك ويكون خطًّا مستقيمًا وواضحًا.

الثوابت

يتكون العالم الخارجي، بدرجة ملحوظة، من متغيرات، ويتكون العالم الداخلي من ثوابت. تكون الثوابت، حسنًا، دائمة: باستثناء الانهيار العقلي أو الحمى الاستوائية النادرة، ستحمل على عاتقك الأعباء نفسها، غدًا والعام المقبل، كما تحملها اليوم. نحن نختبر الحياة كفنانين، بشكل لا يختلف عن الطريقة التي نختبرها بها من أي

موقع آخر. نحن نوجد فقط، ربما نراقب من نقطة خيالية تقع خلف أعيننا إلى حد ما، في حين يتغير المشهد الذي نرصده، من تلك النقطة الثابتة، باستمرار.

يتوافق هذا الإحساس بالاستقرار الداخلي مع حقيقة واحدة يمكن إدراكها على نطاق واسع: يكون مسار أي حياة فردية منتظمًا فترات طويلة من الزمن. الموضوعات التي تجذبنا ستستمر في جذبنا. سنستمر في التجاوب مع الأنماط التي نتجاوب معها. تسيرنا قوى خفية ومتغلغلة، مثل تيار المحيط، نأخذها كأمر مُسلَّم به تمام التسليم. عندما نلاحظ البحر الذي نسبح فيه، تصيبنا تلك اللحظات الغريبة بالدهشة التي أصابت شخصية موليير لدى اكتشافه أنه كان يتحدث نثرًا، وأنه لطالما تحدث نثرًا.

يوجد البرهان الفني، على ثبات الأمور الداخلية، في كل مكان. يظهر في الطريقة التي يعود بها معظم الفنانين إلى القصتين أو الثلاث نفسها، مرارًا وتكرارًا. يظهر في بالتة فان جوخ، وشخصيات هيمنجواي، وأوركسترالية مؤلفك الموسيقي المفضل. نحن نروي القصص التي يجب علينا أن نرويها، قصص الأشياء التي ننجذب إليها، ولماذا ينبغي لأي منا أن يكون لديه أكثر من حفنة من تلك الأشياء؟ إن العمل الوحيد الذي يستحق فعله، حقًّا، أي العمل الوحيد الذي يمكنك فعله عن

اقتناع، هو العمل الذي يركز على الأشياء التي تهتم بها. إن عدم التركيز على تلك الأمور هو إنكار لوجود الثوابت في حياتك.

صوت إنساني

إن صُنع الفن هو الغناء بالصوت الإنساني. لفعل ذلك، يجب أن تعلم أولًا أن الصوت الوحيد الذي تحتاج إليه هو الصوت الذي تملكه بالفعل. العمل بالفن هو عمل عادي، لكن الأمر يتطلب شجاعة للإقبال على هذا العمل، وحكمة للتوسط في تفاعل الفن والخوف. لكي ترى المكان المناسب لعملك، يتعين عليك، أحيانًا، أن تمشي إلى حافة الهاوية، وأن تبحث في الشقوق العميقة، يتعين عليك أن تعرف أن الكون ليس مظلمًا وعديم الشكل، لكنه ينتظر فقط الضوء الكاشف من عقلك. فنك لا يخرج من الظلام على نحو إعجازي. بل يُصنع في النور على نحو هادئ.

ما يعرفه الفنانون المخضرمون عن بعضهم عن بعض، أنهم انصرفوا إلى القضايا التي تشغلهم. ما يشترك فيه الفنانون المخضرمون أنهم تعلموا كيفية متابعة عملهم. ببساطة، إذا لم يتعلم الفنانون كيفية المواصلة، فلن يواصلوا. الوصفة الشخصية، التي يكتشفها أي فنان

ليتمكن من المواصلة، تنتمي إلى ذلك الفنان وحده. هي ليست قابلة للنقل، وتعود على الآخرين بفائدة قليلة. لن يساعدك أن تعرف، بالضبط، ما الشيء الذي احتاج فان جوخ إلى أن يكتسبه أو يهمله من أجل مواصلة عمله. ما يستحق الملاحظة هو أن فان جوخ كان بحاجة إلى أن يكتسب أو يهمل في جميع الأحوال، وأن أعماله لم تقل أو تزد حتمية عن أعمالك، وأنه، مثلك، لم يكن لديه سوى نفسه ليرجع إليها.

أصبح الفن، اليوم، أصعب مما كان عليه قبل سنوات عديدة، لأنه يجب عليك أن تسعى وراءه باستمرار، على جبهات عديدة مختلفة، مقابل عائد خارجي صغير للغاية. لا يصبح الفنانون مخضرمين من خلال عقد سلام مع أنفسهم فقط، بل مع طيف واسع من القضايا. ينبغي لك، طوال الوقت، أن تعيد اكتشاف عملك. ولكي تفعل ذلك يجب أن تعطي نفسك مساحة للمناورة على عدة جبهات، عقلية وجسدية وزمنية. تتألف الخبرة من قدرتك على إعادة شغل مساحة نافعة، على نحو سهل وفوري.

في نهاية المطاف، يعود الأمر كله إلى هذا: لديك خيار، أو بدقة أكبر، حزمة متشابكة من الخيارات، بين بذل أفضل ما لديك في عملك والمخاطرة بأنه لن يجعلك سعيدًا،

أو عدم بذل أفضل ما لديك، وبهذا تضمن أنه لن يجعلك سعيدًا. إنه خيار بين اليقين وعدم اليقين. والغريب أن عدم اليقين هو الخيار المريح.

عن هذا الكتاب

بما أنك تقرأ هذا الكتاب، فمن الواضح أنه قد تم إنجازه بالفعل، على الرغم من أن مجرد وصف الكيفية التي أُنجز بها يُعد أمرًا صعبًا. من المحتمل أن «ببطء» هي الإجابة الواقعية، بالنظر إلى أن هذه الكلمات تمثل نقطة النهاية لسبع سنوات من العمل شبه المتواصل على هذه المخطوطة. مع ذلك، تبدو هذه السرعة طبيعية تمامًا، عند النظر إليها من منظورنا. لكوننا صديقين، بالفعل، منذ سنوات عديدة، سمح ذلك لنا بتعاون ممتع على نحو حقيقي، أصبحت فيه الكتابة أداة لاستجلاء القضايا التي غالبًا ما عالجناها في إطار المحادثة الودية.

من حين إلى آخر، عندما كان سير الأمور بطيئًا حقًا، حاولنا أن ندفع المخطوطة قُدمًا، من خلال العمل بالطرق التي يتخيل المرء أن الأشخاص المتعاونين، فيما بينهم، يعملون بها: إقرار جداول زمنية، وانتقاء موضوعات للعمل عليها، أو حتى الاجتماع معًا، في وجود جهاز تسجيل، للحفاظ على الأفكار الخاطفة في المحادثات الطويلة. لم تفلح تلك النظرية، مثلها في ذلك مثل عديد

من النظريات الجيدة الأخرى. تم إنجاز العمل، في النهاية، بالطريقة التي دائمًا ما تُنجز بها مثل هذه الأمور، عن طريق اقتطاع وقت مخصص، للمشروع وحده، ننتهي فيه من جملة واحدة في كل مرة، وفكرة واحدة في كل مرة.

مثل معظم المشاريع، نجح هذا المشروع، أيضًا، في إلقاء الضوء، بوفرة، على المخاطر المألوفة في صُنع الفن. على الرغم من صداقتنا الطويلة، وعلى الرغم من المحادثات المستمرة حول القضايا التي تناولناها هنا، اتضح أن قوانا متكاملة أكثر منها متشابهة، مما أدى إلى أدوار لا يمكن تبادلها أبدًا، وفي الواقع، لم يحدث قَطُّ أن ناقشناها. استقررنا على النمط الصحيح للتعاون، بعد قدر قليل من التخبط، عن طريق بقاء كل منا بمفرده بشكل كافٍ، والعمل بالتوازي بدلًا من العمل جنبًا إلى جنب، مع انشغال كل منا بالقضايا التي انجذبنا إليها. نظرًا إلى أن الفنانين نادرًا ما يناقشون هذا الموضوع، فإننا لا نعرف، حقًّا، مدى التشابه الذي وصل إليه المزيج الكبير، غير المتجانس بالكامل، لرؤيتنا وقصور نظرتنا واستعدادنا لأخذ وجهة النظر الأخرى بعين الاعتبار، عند مقارنته بالجهود التعاونية الأخرى.

لقد حظينا، طوال هذا المشروع، بالمساعدة التي

قدمها لنا عديد من الزملاء ورفاق الطريق، الذين من المرجح ألا يكون معظمهم على دراية بمساهمته. كانت هناك أيضًا المساعدة المميزة، في وقت مبكر، من سبنسر بايلز، وفرانسيس أورلاند، وستيف ستورجيس، ولندا جونز وكيث ميلمان، الذين نقدر مساعدتهم حق قدرها. نود أن نشكر ديف بون، شكرًا خاصًا، لمواظبته على مناظرة تفكيرنا من خلال طرح أسئلة كبيرة، وإثارة تفاصيل أساسية، بقوة ودقة كبيرتين.

وأخيرًا، ندين بالكثير لنويل يونج، من مطبوعات كابرا، لتلطفه بقبول هذا الكتاب للنشر، على الرغم من عدم تمكن أي منامن معرفة الرف الذي ينتمي إليه في المكتبة، ولمساعده ديفيد دال على صبره اللامتناهي وحماسه في الاستجابة لأسئلتنا وطلباتنا العديدة في السنوات اللاحقة. أغلقت مطبوعات كابرا أبوابها إلى الأبد في عام ٢٠٠١، بعدها فقط، بدأنا في نشر «الفن والخوف» تحت علامتنا الخاصة، مطبوعات إيميدج كونتينووم.

ديفيد بايلز
تِد أورلاند